Thomas Pfeiffer
Jöran Muuß-Merholz

Mein Kind ist bei
Facebook

Tipps für Eltern

ADDISON-WESLEY

An imprint of Addison Wesley Longman, Inc.

Bonn • Reading, Massachusetts • Menlo Park, California
New York • Harlow, England • Don Mills, Ontario
Sydney • Mexico City • Madrid • Amsterdam

Bibliografische Information der Deutschen Nationalbibliothek
Die Deutsche Nationalbibliothek verzeichnet diese Publikation in der Deutschen
Nationalbibliografie; detaillierte bibliografische Daten sind im Internet über
http://dnb.d-nb.de abrufbar.

Die Informationen in diesem Produkt werden ohne Rücksicht auf einen eventuellen
Patentschutz veröffentlicht. Warennamen werden ohne Gewährleistung der freien
Verwendbarkeit benutzt. Bei der Zusammenstellung von Texten und Abbildungen
wurde mit größter Sorgfalt vorgegangen. Trotzdem können Fehler nicht vollständig
ausgeschlossen werden.
Verlag, Herausgeber und Autoren können für fehlerhafte Angaben und deren Folgen
weder eine juristische Verantwortung noch irgendeine Haftung übernehmen.
Für Verbesserungsvorschläge und Hinweise auf Fehler sind Verlag und Herausgeber
dankbar.

Alle Rechte vorbehalten, auch die der fotomechanischen Wiedergabe und der
Speicherung in elektronischen Medien. Die gewerbliche Nutzung der in diesem
Produkt gezeigten Modelle und Arbeiten ist nicht zulässig.

Fast alle Hard- und Softwarebezeichnungen in diesem Buch und weitere Stichworte und
sonstige Angaben, die in diesem Buch verwendet werden, sind als eingetragene Marken
geschützt. Da es nicht möglich ist, in allen Fällen zeitnah zu ermitteln, ob ein Markenschutz
besteht, wird das ®-Symbol in diesem Buch nicht verwendet.

10 9 8 7 6 5 4 3 2 1

14 13 12

ISBN 978-3-8273-3153-3

© 2012 by Addison-Wesley Verlag,
    ein Imprint der Pearson Deutschland GmbH,
    Martin-Kollar-Str. 10-12, D-81829 München/Germany
Alle Rechte vorbehalten
Einbandgestaltung: Marco Lindenbeck, webwo GmbH, mlindenbeck@webwo.de
Lektorat: Brigitte Bauer-Schiewek, bbauer@pearson.de,
            Anne Herklotz, anne.herklotz@googlemail.com
Fachlektorat: Wilfried Staschelt
Herstellung: Claudia Bäurle, cbaeurle@pearson.de
Korrektorat: Petra Kienle
Satz: Cordula Winkler, mediaService, (www.mediaservice.tv)
Druck und Verarbeitung: GraphyCems, Villatuerta

Printed in Spain

Inhaltsverzeichnis

Kapitel 1 – Zum Einstieg 9

Eltern, Facebook und dieses Buch

Kapitel 2 – Der Überblick: die Kaffeeküche und ein Rundgang 15

In der Kaffeeküche mit dem Klassenlehrer, der Bundeskanzlerin (und 1.000.000.000 anderen)

2.1	Die Sache mit der Kaffeeküche. Warum fasziniert Facebook seine Nutzer?	16
2.2	Eine Übersicht über Facebook und seine Funktionen	23
2.3	Die größten Facebook-Probleme, die nicht individuell gelöst werden können	45

Kapitel 3 – Das fehlende Handbuch 51

Wie man Facebook gemäß der eigenen Bedürfnisse einstellt

3.1	Möglichkeiten entdecken, Fehler vermeiden	52
3.2	So sehen Fremde mein Profil	52
3.3	Private Postings und Fotos sollten privat bleiben	55
3.4	Ich und andere auf Facebook: was andere mit mir anstellen können	57
3.5	Mit Freundeslisten die eigene Privatsphäre selbst definieren	70
3.6	Umgang mit Einladungen und wie eine Geburtstagsparty privat bleibt	79
3.7	Die öffentliche Suche – wie man auf Google (nicht) gefunden wird	82

Inhaltsverzeichnis

3.8 Sich nicht vom Chat aus der Ruhe bringen lassen 83

3.9 Jetzt ist Ruhe – Abonnements für Statusmeldungen kündigen 85

3.10 Spiele und Anwendungen von Drittanbietern 86

3.11 Beiträge aus der Chronik entfernen 89

3.12 Werbung auf Facebook 91

Kapitel 4 – Probleme und Herausforderungen meistern   95

Was sollte man wissen, tun und lassen, um sich bei Facebook sicher und kompetent zu bewegen?

4.1 Privatsphäre und Datenschutz: Was gehört auf Facebook und was nicht? 96

4.2 Urheberrechte respektieren 110

4.3 Das Recht am eigenen Bild – wertlos auf Facebook? 120

4.4 Nüchternheit und Unnüchternheit 135

4.5 Entfreunden und Blockieren 139

4.6 Der richtige Umgang mit Mobbing, Bullying und Stalking 145

4.7 Nazis und Spam, Hassreden und Pornos – die dunklen Ecken im Netz 164

4.8 Was tut man, wenn ein Kind, das unter 13 Jahre ist, zu Facebook möchte (oder bereits dort ist)? 176

Inhaltsverzeichnis

Kapitel 5 – Praktische Tipps und Tricks   183

Wichtiges Grundlagenwissen und Anleitungen

5.1	Wie Sie ein Facebook-Konto anlegen	184
5.2	Wie Sie von Facebook unbemerkt im Internet surfen	188
5.3	Wie man einen Screenshot erstellt......................................	189
5.4	Ein sicheres Passwort..	190

Kapitel 6 – Zum Schluss   193

Die Buchautoren wünschen Ihnen Ärger und Probleme – aber nur etwas!

Glossar   197

Index   203

Kapitel 1

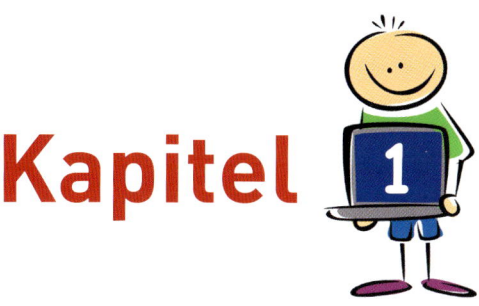

Zum Einstieg

Eltern, Facebook und dieses Buch

Sie erfahren, warum Eltern dieses Buch lesen sollten, was sie erwartet und warum man keine Angst vor Facebook haben sollte.

Kapitel 1 – Zum Einstieg

Warum man keine Angst vor Facebook haben sollte

„Die Facebook-Falle", „Nackt im Netz" oder „Die Datenfresser" ... Viele Bücher zum Thema Facebook wecken schon im Titel Ängste. Das Buch, das Sie nun in den Händen halten, will keine Angst vor Facebook machen. Dieses Buch nimmt berechtigte Sorgen ernst, erklärt die Hintergründe und zeigt, wie man sich mit einer kritischen und achtsamen Grundhaltung auf Facebook relativ sicher bewegen kann.

„Die große Angst der Deutschen vor Facebook" titelte Welt Online anlässlich einer Umfrage[1], bei der Menschen gefragt wurden, ob Facebook ihnen Angst oder Spaß mache. 42,9% der Deutschen haben demnach Angst vor Facebook. Auf den zweiten Blick ergab sich ein genaueres Bild. Jeder Vierte gab an, dass Facebook ihm sowohl Angst wie auch Spaß mache. Außerdem ist die Einstellung stark vom Alter und vom Bildungsgrad abhängig. Je älter die Befragten, desto größer waren die Ängste. Bei Jugendlichen gaben nur 9,1% an, dass Facebook ihnen Angst mache. Unter den Erwachsenen galt: Je gebildeter die Befragten waren, desto weniger Angst hatten sie vor Facebook.

Jugendliche scheinen also eher sorglos im Umgang mit Facebook & Co zu sein, während Erwachsene sich mehr Gedanken machen. Zurecht! Denn neben den faszinierenden Möglichkeiten birgt Facebook auch einige Fallstricke. Es reicht nicht aus zu wissen, wo man wie oft klicken muss. **Man muss verstehen, wie Facebook funktioniert.** Wer Facebook versteht, muss sich wenig davor fürchten. Wenn Jugendliche (und Erwachsene) kompetent auf Facebook surfen, können sie vom Nutzen profitieren und die Untiefen und Klippen umschiffen – ohne Angst.

Warum Sie dieses Buch lesen sollten

Es gibt gute Gründe, sich Sorgen zu machen, wenn Jugendliche Facebook unbedacht nutzen, die Einstellungen zur Privatsphäre

---

1 *Die große Angst der Deutschen vor Facebook.* Welt Online am 26.02.2012. www.welt.de/wirtschaft/webwelt/article13888221/Die-grosse-Angst-der-Deutschen-vor-Facebook.html

Warum Sie dieses Buch lesen sollten

nur vom Hörensagen kennen, Urheberrechte im Stundentakt verletzen, Cyber-Mobbing für ein Spiel und zweifelhafte Meinungen für geprüfte Informationen halten. Das alles unter dem Dach eines Unternehmens, das sein Geld damit verdient, möglichst viel über seine Nutzer herauszufinden, das deutsches Datenschutzrecht nur aus der Ferne kennt und bei Streitfällen am besten über einen Anwalt zu erreichen ist.

Die Frage ist, wie Eltern mit diesen Problemen umgehen. Die einfachste Lösung: **Verbieten Sie Ihrem Kind Facebook!** Dabei stellt sich allerdings die Frage, wie lange und wie gut dieses Verbot aufrechtzuerhalten ist. Wenn Sie sich gegen ein Verbot entscheiden, dann stehen Sie vor der Entscheidung: Lernt Ihr Kind den Umgang mit Facebook auf eigene Faust und über die Methode „Versuch und Irrtum"? Oder können Eltern kompetente Begleitung anbieten?[2]

Wenn Eltern Unterstützung leisten wollen (oder überhaupt erst einmal wissen wollen, was ihre Kinder da machen), dann führt kein Weg daran vorbei: Eltern müssen selber wissen, wie Facebook funktioniert. In diesem Buch werden deswegen nicht nur Empfehlungen für Jugendliche auf Facebook vorgestellt, sondern es wird auch ganz grundsätzlich die Funktionsweise von Facebook erklärt. Schritt für Schritt und mit dem nötigen Hintergrundwissen. Damit Sie nicht nur wissen, wo man wie oft klicken muss, sondern Facebook wirklich verstehen.

Noch einmal zurück zu Privatsphäre, Urheberrecht und falschen Freunden: Einige Sorgen in Bezug auf Facebook sind durchaus berechtigt. Andere werden mitunter in den Medien verkürzt oder sogar ganz falsch dargestellt. Und dann gibt es auch noch Punkte, die sehr wichtig, aber noch viel zu selten diskutiert sind. In diesem Buch erfahren Sie, welche Sorgen begründet sind und wie Sie und Ihr Kind damit umgehen können.

---

2 Auf die Frage „*Woher bekommst Du Deine Informationen zum Thema Datenschutz?*" nennen 12- bis 19-jährige Jugendliche „Eltern" als zweithäufigste Quelle, nach „Medien", aber noch vor „Schule", „Freunde" oder „Geschwister" (Medienpädagogischer Forschungsverbund Südwest: JIM-Studie 2011, online zu finden unter *www.mpfs.de*). Eltern werden insbesondere dann als kompetente Ansprechpartner wahrgenommen, wenn sie selbst soziale Netzwerke nutzen (Studie „Persönliche Informationen in aller Öffentlichkeit?" des JFF – Institut für Medienpädagogik 2010, online: *www.jff.de/?BEITRAG_ID=6154*).

Kapitel 1 – Zum Einstieg

> **HINWEIS:** Ein Wort an die Eltern von Kindern, die jünger als 13 Jahre sind: Vielleicht haben Sie gelesen, dass Facebook erst ab 13 vorgesehen ist. Das stimmt. Doch die Kontrolle von Facebook beschränkt sich darauf, nach einem Geburtsdatum zu fragen. Nach Schätzungen sind in Deutschland Hunderttausende von Kindern unter 13 auf Facebook unterwegs. (Vgl. Kapitel 4.8)

Wie Sie dieses Buch am besten lesen

Dieses Buch eignet sich sowohl für Neueinsteiger[3], die Facebook nur vom Hörensagen kennen, als auch für Menschen, die bereits selber Erfahrungen mit Facebook gesammelt haben. (Sogar „alte Hasen" unter den Testlesern des Buchs berichteten, dass sie an vielen Stellen wichtige neue Hinweise entdeckt hätten.)

Das Buch ist wie folgt aufgebaut:

1. **Der Einstieg** – Das haben Sie gleich schon geschafft.
2. **Der Überblick** – Was ist eigentlich Facebook? Ein Vergleich mit einer Kaffeeküche und ein Rundgang zum Einstieg.
3. **Das fehlende Handbuch** – Welche Möglichkeiten gibt es bei Facebook und wie funktionieren sie? Hilfreiche Erklärungen und anschauliche Beispiele.
4. **Probleme und Herausforderungen meistern** – Was sollte man wissen, tun und lassen, um sich bei Facebook sicher und kompetent zu bewegen? Tipps, Tricks und Ratschläge.
5. **Praktische Tipps und Tricks** – Wie kann ich Schritte ganz konkret in die Praxis umsetzen? Wichtiges Grundlagenwissen und Anleitungen.
6. **Der Schluss** – Warum wünschen die Buchautoren den Lesern etwas Ärger und einige wenige Probleme?
7. **Das Glossar** – Was bedeutet welcher Fachbegriff?

---

3 Der Lesbarkeit zuliebe wird in diesem Buch meist die männliche Form genutzt, wenn es um Einsteigerinnen und Einsteiger, Lehrerinnen und Lehrer, Verbrecherinnen und Verbrecher, User und Userinnen geht. Selbstverständlich sind immer gleichermaßen weibliche wie männliche Menschen gemeint.

Warum gibt es hier keine Altersempfehlungen?

Sie können das Buch einfach von vorne nach hinten lesen. Wenn Ihnen etwas schon bekannt oder weniger wichtig vorkommt, dann blättern Sie einfach vor. Das Buch ist so aufgebaut, dass Sie auch springen und gezielt die Kapitel ansteuern können, die für Sie gerade wichtig sind.

> **INFO:** Facebook wächst und wandelt sich mit rasanter Geschwindigkeit. Mehrmals im Jahr werden neue Funktionen vorgestellt, alte fallen weg und bisherige werden verändert. Auf der Website www.facebook-fuer-eltern.net veröffentlichen die Buchautoren regelmäßige Aktualisierungen und Ergänzungen zu diesem Buch. Außerdem finden Sie dort zusätzliche Materialien, Erklärvideos und Interviews mit Experten.

Warum gibt es in diesem Buch keine Altersempfehlungen?

Selbstverständlich hat ein „typischer 12-Jähriger" andere Sorgen als ein „typischer 17-Jähriger". Natürlich verhält sich ein typischer Junge anders als ein typisches Mädchen. Aber welches Kind ist schon „typisch"? Aller Erfahrung nach gibt es in jeder 8. Klasse einige Kinder, die eher wie 12-Jährige, und andere, die eher wie 17-Jährige auftreten. Kinder und Jugendliche sind so individuell und in ihrer Entwicklung so unterschiedlich, dass man sie nicht einfach entlang ihres Alters oder ihres Geschlechts eingruppieren kann. Wenn es um Fragen von Internet und Facebook geht, verstärkt sich das noch einmal. Es gibt viele 12-Jährige, die schon über mehr „Online-Erfahrung" verfügen als manch ein 17-Jähriger. Aus diesem Grund wird in diesem Buch bewußt auf konkrete Altersempfehlungen und Unterscheidungen zwischen Jungen und Mädchen verzichtet. Stattdessen bekommen Eltern Hintergrundwissen und Erläuterungen zu Facebook, mit denen sie selber gut begründete Einschätzungen in Bezug auf das eigene Kind vornehmen können

Kapitel 2

Der Überblick: die Kaffeeküche und ein Rundgang

In der Kaffeeküche mit dem Klassenlehrer, der Bundeskanzlerin (und 1.000.000.000 anderen)

Hier erfahren Sie, warum Facebook seine Nutzer fasziniert, was die da eigentlich machen und was Facebook mit einer Kaffeeküche zu tun hat. Anschließend gehen wir auf einen Rundgang, in denen Sie alle wesentlichen Facebook-Funktionen kennenlernen.

Kapitel 2 – Der Überblick

2.1 Die Sache mit der Kaffeeküche. Warum fasziniert Facebook seine Nutzer?

Etwa eine Milliarde Menschen sind auf Facebook aktiv. Viele von ihnen tummeln sich täglich dort. 16% der Zeit, die Menschen in Deutschland im Internet verbringen, verbringen sie auf Facebook, das ist jede sechste Minute – eine beachtliche Zahl.

Was haben sich diese Menschen eigentlich zu sagen? Eigentlich gar nichts, meint so mancher Facebook-Kritiker. Die Konversationen seien vielmehr bloß belangloses, irrelevantes Geplapper. Das stimmt – für 99,99999% der Fälle. Allerdings sind sie für 0,00001% sehr wohl relevant. Die meisten Äußerungen auf Facebook sind ja nicht für die ganze milliardenumfassende Facebook-Welt bestimmt, sondern nur für zwei, 20 oder 200 Freunde des Absenders. Für den Rest der Welt mag die Information verzichtbar sein, dass Petra Müller das neue Album von Lady Gaga gekauft hat – für eine 13-Jährige und ihre Freundinnen gibt es vielleicht nichts Wichtigeres.

Die meisten Menschen wollen gar nicht wissen, wen Atilla Yılmaz bei der nächsten Bundestagswahl wählen wird – der 18-Jährige und seine Freunde möchten das aber gerne diskutieren. Und niemand auf der Welt möchte das Foto sehen, das Peter Meier heimlich von seiner Lehrerin aufgenommen hat – fast niemand, denn in seinem Freundeskreis sorgt das Bild für heftige Debatten.

Ein Experiment: Belauschen Sie sich einmal selber, wenn Sie vom Handy aus mit einem Familienmitglied telefonieren oder in der Kaffeeküche mit der Kollegin plaudern – auch das wird vermutlich von 99,99999% für irrelevant und belanglos gehalten werden. Das kann Ihnen aber zum Glück egal sein: Sie sind die Person, um die es geht. Sie und mindestens ein anderer Mensch, mit dem Sie Ihr Gespräch führen.

Genau so ist das bei Facebook. Es geht um Gespräche. Facebook ist nicht nur ein Eins-zu-Eins-Gespräch wie ein Handytelefonat, es ist auch wie die Kaffeeküche, in der viele Kolleginnen und Kollegen miteinander „tratschen" – nur bietet Facebook einen etwas größeren Rahmen. Die Themen sind die gleichen wie in der Kaffeeküche: Es geht um den Kinofilm vom Vorabend, um das unmögliche Kleid der neuen Kollegin, um die bevorstehende Geburtstagsfeier, um

Warum fasziniert Facebook seine Nutzer?

Schicksale und Wehwehchen, um Fußball, Fernsehen, Freunde, das Wetter (und um Kaffee). Auch die Arbeit ist ein beliebtes Thema in den Kaffeeküchen von Büros und Fabriken. Einige der besten Arbeitsideen sind wahrscheinlich in der Kaffeeküche geboren worden. All diese Themen gibt es auch bei Facebook. Wie in der Kaffeeküche liegen alle Themen dicht nebeneinander – aber sie sind wenig wert, solange man alleine in der Kaffeeküche steht.

Fassen wir fürs Erste zusammen: Facebook ist wie eine überdimensionierte Kaffeeküche. Jetzt schauen wir uns das noch etwas genauer an.

2.1.1 „Was machst Du gerade?" Was passiert eigentlich auf Facebook?

Jedes (neuere) Lexikon erklärt, dass Facebook ein „soziales Netzwerk" sei. Das stimmt zwar, aber im deutschsprachigen Raum hat diese Definition für mehr Missverständnisse als für Klarheiten gesorgt. „Sozial" wird in der Umgangssprache meist mit einem positiven Beiklang verbunden. „Sozial" ist, wer sich für andere interessiert und für sie da ist, Rücksicht nimmt und an das Gemeinwohl denkt.

Facebook ist zwar „Social Media", ein „soziales Medium". Man sollte den Begriff „sozial" allerdings eher verstehen als „gemeinschaftlich", „im Austausch mit anderen", ohne dabei „sozialromantisch" zu werden. Soziale Medien sind also nicht die Straßenzeitung, die von Obdachlosen verkauft wird, sondern Medien, bei denen alle Menschen mitwirken können und es nicht Produzentinnen auf der einen und reine Lesende auf der anderen Seite gibt. Alle, die lesen, können auch selber publizieren. Die Grenze zwischen Produzieren und Konsumieren verschwimmt, die Menschen in sozialen Medien treffen aufeinander und treten in gegenseitigen Austausch. Das ist das „soziale" in „Social Media".

Abbildung 1: *„Was machst du gerade" – lädt zur Konversation ein.*

Kapitel 2 – Der Überblick

Facebook gehört also zu den sogenannten Social Media- oder Web 2.0-Angeboten im Internet. Deren größte Gemeinsamkeit: Ihre Anbieter stellen keine eigenen Inhalte ins Netz, sondern nur eine Plattform. Die Inhalte kommen dann von den Nutzern selber. Sie sind es, die Texte einstellen, Fotos hochladen oder Videos veröffentlichen. Facebook selber stellt nur das Werkzeug dazu bereit. Es schafft Raum und Strukturen, damit der Einzelne unter den Millionen und Milliarden Inhalten diejenigen finden kann, die ihn (möglicherweise) interessieren.

Wie sieht das konkret aus? Man gibt bei Facebook an, wer man ist, was man macht und was einen interessiert – kurz: das eigene Profil. Andere können einen darüber finden und man kann andere über deren Profile finden, so dass man mit ihnen in Kontakt treten kann. Facebook nennt diese Verbindung „Freundschaft". Freunde sind gegenseitig miteinander verbunden und teilen Informationen mit dem jeweils anderen.

> **HINWEIS:** Facebook benutzt den Begriff „Freund", wo man im Deutschen besser „Kontakt" sagen würde: Es gibt enge Freunde, Fußballfreunde, Arbeitskollegen und flüchtige Bekannte, und alle werden im Facebook-Slang über einen Kamm geschert und als „Freunde" bezeichnet. Die neutrale Bezeichnung „Kontakt" würde hier besser treffen.

Der Inhalt, der von einer Person auf Facebook veröffentlicht wird, kann unterschiedliche Formen haben, z.B.

1. ein kurzer Text (eine sogenannte Statusmeldung),
2. ein Hinweis auf eine andere Website,
3. ein Foto oder ein Video
4. der Aufenthaltsort
5. eine Kombination davon.

Andere Menschen, für die man z.B. ein Foto freigegeben hat, können das dann sehen und Rückmeldung dazu geben. Die einfachste Rückmeldung ist ein nach oben gestreckter Daumen: Das gefällt mir! Aber auch längere Kommentare sind möglich. Diese Rück-

Warum fasziniert Facebook seine Nutzer?

meldungen erscheinen dann unterhalb des Inhalts und sind auch für alle anderen sichtbar, die den Inhalt sehen können. Nicht selten entstehen hier mehr oder weniger umfangreiche Diskussionen.

Abbildung 2: *Der Gefällt-mir-Button (links unten im Bild) ist eine einfache Möglichkeit, mit anderen in Interaktion zu treten.*

2.1.2 „Lass uns Freunde sein!"

„Wollen wir Freunde sein?" Dieser Satz war bis vor wenigen Jahren noch Kleinkindern vorbehalten. Inzwischen senden sich täglich Abermillionen Erwachsener gegenseitig „Freundschaftsanfragen".

+1 Freundschaftsanfrage versendet

Abbildung 3: *Willst Du mein Freund sein? – auf Facebook wird diese Frage täglich millionenfach gestellt.*

Die eigenen „Freunde" sind bei Facebook Personen, zu denen man eine gegenseitige Beziehung bekundet. Allerdings hätte man in der Zeit vor Facebook sicher nicht alle Menschen als „Freunde" bezeichnet, die dort jetzt mit einem verbunden sind. Facebook-Freunde können erst mal alle sein, mit denen man sich irgendwie persönlich verbunden sieht:

♦ Bekanntschaft oder Verwandtschaft,

♦ berufliche Kontakte oder Mitschüler

♦ und tatsächlich auch: Freunde.

Kapitel 2 – Der Überblick

Alle stehen bei Facebook im „Freundeskreis" erst einmal gleichberechtigt nebeneinander. Es ist keine einfache Aufgabe, die eigene Kommunikation so zu organisieren, dass man nicht den eigenen Eltern von der Party letzte Nacht, der Lehrerin vom Frust auf dem Schulhof oder entfernten Bekannten von Träumen und Ängsten erzählt. Aber es ist möglich, wie wir zeigen werden.

Wer von den eigenen Freunden kann was von dem sehen, was man selbst auf Facebook (oder auch andernorts) macht? Das ist die Gretchen-Frage für die viel diskutierte Privatsphäre auf Facebook. Generell gilt: Der Absender entscheidet, wer seine Inhalte sehen darf. Konkreter gilt: Ganz so einfach ist es dann doch nicht. Deswegen beschäftigen sich in Kapitel 3 gleich mehrere Abschnitte mit diesem Thema.

Das ist die eine Variante, in der Facebook genutzt wird: als persönlicher Account einer richtigen Person. Man chattet mit den eigenen Bekannten und Freunden, teilt sich mit und tauscht sich aus, zu allen Themen, die einen betreffen und interessieren.

Aber man kann Facebook auch als Organisation, als Marke oder Unternehmen nutzen, darum geht es im nächsten Kapitel.

2.1.3 Fans von Präsidenten, Starbucks, Lady Gaga und Greenpeace – Marken, Unternehmen und Organisationen auf Facebook

Während Menschen wie Peter, Petra oder auch Sie auf Facebook ein Profil haben können, gilt für Institutionen: Sie haben Seiten (auch „Fanpages" genannt) auf Facebook. Das können Prominente, Politiker, Unternehmen, Marken, Orte, Musikgruppen, Fernsehsendungen oder auch ein guter Zweck sein. Der Unterschied zum Profil ist: Die Beziehung zwischen einem Facebook-Nutzer und einer Seite ist einseitig. Man stellt also z.B. Lady Gaga oder Greenpeace keine Freundschaftsanfrage, sondern man wird ein Fan, indem man auf ihrer Seite auf GEFÄLLT MIR klickt. Ab sofort bekommt man die Neuigkeiten von dieser Seite zu sehen, ohne dass aber umgekehrt der Betreiber dieser Seite die persönlichen Meldungen des Fans erhält.

Ganz einseitig ist die Beziehung dann aber doch nicht. In der Regel erlaubt der Betreiber einer Seite es nämlich, dass die Fans Nachrichten auf der Pinnwand der Seite hinterlassen, die dann andere

Warum fasziniert Facebook seine Nutzer?

Besucher der Seite sehen und kommentieren können. So kann es durchaus passieren, dass eine Seite nur von Fans mit Inhalten versehen wird, ohne dass der Betreiber aktiv werden muss. Und auch wenn der Betreiber selbst aktiv Meldungen veröffentlicht, so gerät das bisweilen zur Nebensache, wenn sich z.B. seine Fans mit besonders vielen Kommentaren zu dieser Meldung zu Wort melden.

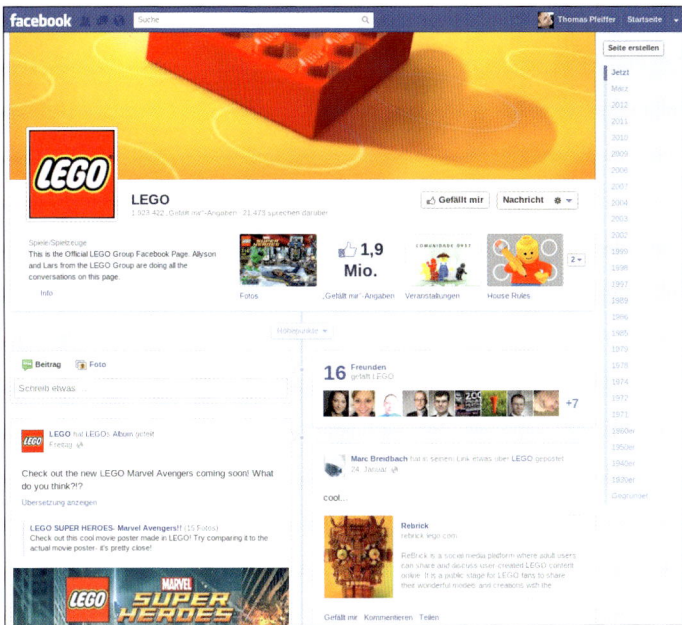

Abbildung 4: *Eine Fanpage unterscheidet sich nur unwesentlich auf den ersten Blick von persönlichen Profilen. Aber unter der Haube sind einige Einstellungen wesentlich anders als für private Accounts.*

2.1.4 Vernetzung untereinander

Facebook unterstützt dieses Selber-Publizieren und Sich-mit-anderen-Austauschen nach Kräften. Je mehr man auf Facebook aktiv wird, desto mehr weiß Facebook über einen und desto zielgenauer – und damit teurer – kann Facebook Werbeeinblendungen verkaufen (siehe Kapitel 3.12). Trägt man beispielsweise in das Nachrichtenfeld den Namen von Freunden ein, wird deren Name in der Nachricht farblich hervorgehoben, so wie in der Abbildung

Kapitel 2 – Der Überblick

unten dargestellt. Die angesprochene Person erhält darüber eine Benachrichtigung in der Form: Thomas hat Dich in einem Kommentar erwähnt, zusammen mit einem Link, wo dieser Kommentar zu finden ist. Solche Funktionen tragen erheblich dazu bei, dass Menschen lange und häufig auf Facebook untereinander aktiv sind.

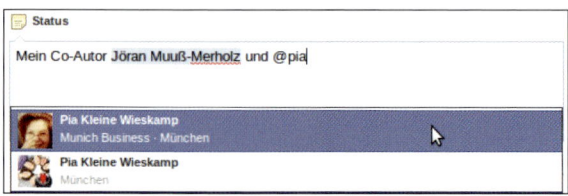

Abbildung 5: *Nennt man den Namen einer Freundin, wird ihr Facebook-Profil automatisch verlinkt und die Erwähnte erhält eine Benachrichtigung.*

Auch Ortsmarkierungen und Markierungen von Freunden auf Fotos dienen der stärkeren Vernetzung unter den Facebook-Nutzern: Hier gibt man Informationen über andere preis, z.B. wo sie sich gerade aufhalten oder wer auf welchen Fotos zu sehen ist. Es geht immer darum, Informationen über andere auf Facebook einzustellen und die Betroffenen darüber zu informieren. So versucht die Firma Facebook, ihre Nutzer dazu zu bringen, möglichst aktiv auf Facebook zu werden, viele Informationen preiszugeben und viel Zeit auf der Website zu verbringen.

2.1.5   Gruppen, Veranstaltungen und Spiele auf Facebook

Natürlich gibt es noch viel mehr auf Facebook: Man kann sich in Gruppen zusammenschließen (z.B. zur gegenseitigen Unterstützung bei den Hausaufgaben), zu Veranstaltungen einladen (z.B. eine Kissenschlacht, eine Geburtstagsparty oder eine Demonstration) oder Anwendungen nutzen (z.B. Spiele oder Musik). Diese und weitere Funktionen werden wir in Kapitel 3 des Buchs vorstellen.

Aber all das wäre nicht der Rede wert, wenn es nicht immer um das Miteinander ginge. Sich mit anderen Menschen auszutauschen, sich dem Freundeskreis oder gleich der ganzen Welt mitzuteilen, den eigenen Interessen zu folgen und sich dabei mit einigen Menschen zu verbinden und von anderen abzugrenzen – das ist der Kern von Facebook.

Eine Übersicht über Facebook und seine Funktionen

2.2 Eine Übersicht über Facebook und seine Funktionen

Facebook hat weltweit viele hundert Millionen Nutzerinnen und Nutzer und man möchte manchmal meinen, auch genauso viele Funktionen. Tatsächlich kommen ständig neue Möglichkeiten („Features") hinzu, während andere wieder wegfallen. Die Gesichtserkennung kam 2011 hinzu, gleichzeitig sind die Gruppen, wie man sie bis dahin kannte, völlig umgekrempelt worden. Das meiste bleibt aber vom Prinzip her gleich und wenn Sie einmal verstanden haben, welche Konzepte hinter den Facebook-Funktionen stecken, finden Sie sich relativ schnell zurecht bzw. Sie wissen immer, wo Sie oder Ihr Kind die konkreten Einstellungen zu suchen haben.

Sollten Sie schon einen eigenen Facebook-Account besitzen und (wenigstens ab und zu) nutzen, können Sie dieses Kapitel gerne nur kurz überfliegen.

> **HINWEIS:** In Kapitel 5.1 erfahren Sie, wie Sie ein eigenes Facebook-Konto für sich anlegen können.

2.2.1 Die Oberfläche von Facebook

Auf den ersten Blick wirkt die Oberfläche von Facebook vielleicht etwas unaufgeräumt. Sieht man sich die Webseite genauer an, erkennt man die immer gleiche Struktur, die einem auch auf fremden Seiten Orientierung gibt.

Das Wichtigste spielt sich in der breiten, mittleren Spalte ab: Hier liest man die (Kurz-)Nachrichten aller Freunde, sieht Bilder, die Sie zu Facebook hochladen, kann sie kommentieren und liken (ausgesprochen wird das wie „laiken"). Diesen Bereich nennen auch im Deutschen viele Newsstream (zu deutsch etwa Nachrichtenstrom). Aber der Reihe nach ...

Die Seite besteht – je nach Größe des Bildschirms – aus mindestens drei Spalten, einer dünnen linken, der breiten Spalte in der Mitte und einer rechten Spalte. Bei einem breiten Bildschirm wird ganz rechts noch eine weitere schmale Spalte eingeblendet.

Kapitel 2 – Der Überblick

Links oben finden Sie neben Ihrem Namen Ihr eigenes Profilbild, darunter direkte Links zu „Neuigkeiten", „Nachrichten" und „Veranstaltungen". Als „Neuigkeiten", „Meldungen" oder auch „Status-Updates" werden die mehr oder weniger kurzen Botschaften bezeichnet, die man an die ganze Welt oder einen definierten Freundeskreis verschickt. „Nachrichten" sind vergleichbar mit E-Mails. Sie haben nur einen oder sehr wenige Empfänger.

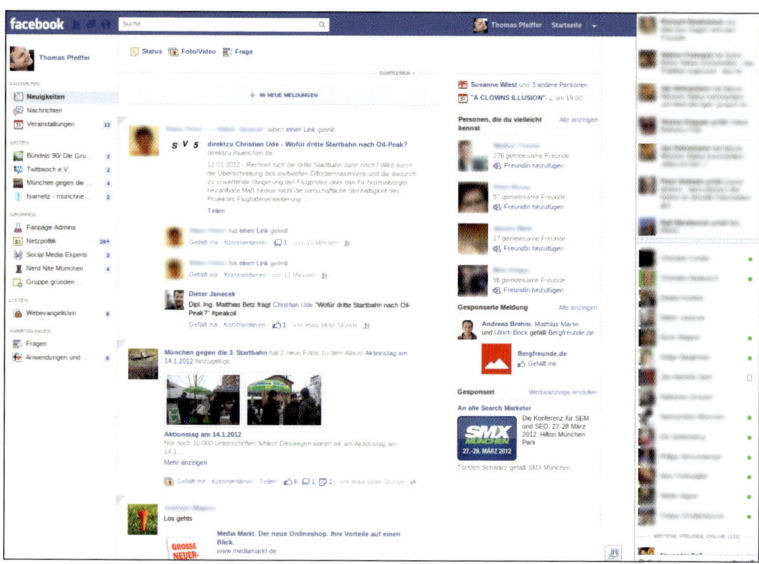

Abbildung 6: *Der Startbildschirm von Facebook. Das meiste spielt sich in der mittleren, breiten Spalte ab.*

HINWEIS: Im Folgenden zeigen wir Ihnen die Ansicht von Facebook, wie man sie auf dem eigenen Heim-PC sieht, wenn man also „ganz normal" im Internet surft. Daneben gibt es auch noch z.B. auf das iPad, das iPhone oder andere Mobiltelefone spezialisierte Designs.

Nur die „normale" Browservariante bietet alle Optionen und Einstellungen rund um die Privatsphäre, weswegen wir uns im Buch hierauf konzentrieren.

Eine Übersicht über Facebook und seine Funktionen

Die eigentliche Musik spielt in der mittleren, breiten Spalte: Hier können Sie Bilder posten, Status-Updates schreiben, Fotos und Statusmeldungen Ihrer Freunde sehen und kommentieren und auf den berühmten GEFÄLLT MIR-Button klicken. Manche Updates bleiben unkommentiert, bei einigen klicken ein paar Freunde auf GEFÄLLT MIR, bei anderen hinterlassen die eigenen Freunde Kommentare. Von der Anzahl her sind eine Handvoll Kommentare unter einem Update nicht unüblich.

> **HINWEIS:** Wenn man mehrere Hundert Kontakte auf Facebook unterhält, kann der Newsstream (Nachrichtenstrom) sehr schnell recht voll werden. Facebook zeigt dann u.U. nicht mehr alle Meldungen aller Kontakte an, sondern nur diejenigen von engen Freunden (vgl. Kapitel 3.5) oder Kontakten, mit denen man häufig interagiert.

Die dritte Spalte ist für Werbung, gesponserte Meldungen und Facebook-Funktionen reserviert. Unter „Werbung" sieht jeder etwas anderes, je nachdem, welche Angaben man über sich bei Facebook hinterlegt hat. Alter, Geschlecht, geografische Herkunft, Hobbys und Arbeitgeber, von welchen Marken, Stars und Institutionen man auf Facebook Anhänger ist – aus all diesen Informationen versucht Facebook, ein Profil zu erstellen und passgenau Werbung einzublenden. Dadurch wird der Streuverlust verringert und beispielsweise Babywindel-Anzeigen werden nur bei Menschen angezeigt, die vor maximal zwei Jahren ein Kind bekommen und das auf Facebook angegeben haben. Solche passgenauen Werbeplätze sind zwar selten, aber sie lassen sich teurer verkaufen als allgemeine Werbung an die Zielgruppe „Männer zwischen 30 und 40 Jahren". Dazu erfahren Sie später mehr in Kapitel 3.12.

In der äußerst rechten Spalte sieht man den „Aktivitätsstream". Dieser Begriff tut beim Hören fast schon weh, ist in Wirklichkeit aber gar nicht so schlimm: Immer wenn jemand aus dem eigenen Freundeskreis irgendwo im Internet auf einen GEFÄLLT MIR-Button klickt, eine Statusmeldung veröffentlicht oder mit jemandem eine Freundschaft eingeht – hier taucht es sofort und unmittelbar als Kurzmeldung auf. Hat man einige Hundert Freundinnen

Kapitel 2 – Der Überblick

und Freunde auf Facebook, können zu Stoßzeiten hier mehrere Meldungen pro Minute durchlaufen. Es lohnt sich also, die eigene Aufmerksamkeit nicht allzu sehr von diesem Bereich ablenken zu lassen – wenn man die nötige Disziplin dafür aufbringt.

Im unteren Teil dieser Spalte sind diejenigen Freunde mit einem grünen Punkt markiert, die gerade online sind und die man anchatten kann. Klickt man auf deren Namen, öffnet sich ein Fenster und beim Chat-Partner ertönt eine Glocke, die anzeigt, dass man angechattet wird – ähnlich wie ein Telefonklingeln.

Abbildung 7:
Das Chat-Fenster innerhalb von Facebook

Schauen wir uns nun einzelne Funktionen von Facebook an. Das soll Ihnen helfen, ein Verständnis dafür zu bekommen, was auf Facebook alles möglich ist – und was nicht. Wir schauen uns also zunächst die einzelnen Baumstämme an, die den Wald ergeben.

2.2.2 Benachrichtigungen

Der vielleicht am häufigsten geklickte Bereich bei Facebook umfasst die drei Symbole, die ganz oben links, direkt nebem dem Facebook-Logo zu finden sind. Hier informieren kleine rote Zahlen, wenn neue Freundschaftsanfragen, Nachrichten oder Benachrichtigungen vorliegen.

Eine Übersicht über Facebook und seine Funktionen

> **TIPP:** Facebook schickt standardmäßig viele E-Mails, die über die Aktivitäten der eigenen Freunde informieren. Wer sich häufig auf Facebook einloggt, kann auf diese E-Mail-Hinweise leicht verzichten. Unter *www.facebook.com/settings?tab=notifications* kann man E-Mail-Benachrichtigungen für jede einzelne Aktion auf Facebook ein- und wieder ausschalten. Beispielsweise kann man sich nur dann per E-Mail informieren lassen, wenn man auf fremden Fotos markiert wird, nicht aber, wenn man eine Privatnachricht auf Facebook erhält. So reduzieren Sie Ihre E-Mail-Flut, ohne dabei Wichtiges auf Facebook zu verpassen.

2.2.3 Das eigene Profil und die Facebook-Chronik (Timeline)

Das Facebook-Profil ist die eigene Selbstdarstellung innerhalb von Facebook. Hier postet man Statusmeldungen, lädt Fotos hoch und gibt an, mit wem man auf Facebook befreundet ist. Andere können hier Kommentare hinterlassen oder auf „Gefällt mir" klicken.

Dieses Profil wird manchmal als Pinnwand und meist als Facebook-Chronik bezeichnet. Man gelangt dorthin, indem man in der Standardansicht von Facebook, das ist *www.facebook.com*, links oben auf seinen eigenen Namen klickt.

> **HINWEIS:** „Chronik" und „Profil" bezeichnen die gleiche Sache: Die persönliche Seite auf Facebook, auf der sich ein Nutzer anderen vorstellt. Die „Pinnwand" ist Teil dieses Profils, hier kann man selbst und können andere Nachrichten hinterlassen. Als „Newsstream oder Newsfeed" wird der Nachrichtenstrom der eigenen Freunde bezeichnet, hier wird die Summe aller Fotos und Meldungen von eigenen Freunden angezeigt.

Vieles, was ins Internet eingestellt wird, bleibt unter Umständen auf Jahre gespeichert. Das gilt auch für Beiträge auf Facebook. Seit Ende 2011 gibt es die sogenannte „Timeline" oder auch „Chronik".

Kapitel 2 – Der Überblick

Längst vergessene Fotos und Statusmeldungen werden hier entlang eines Zeitstrahls (Timeline) aufgefädelt und nachschlagbar gemacht.

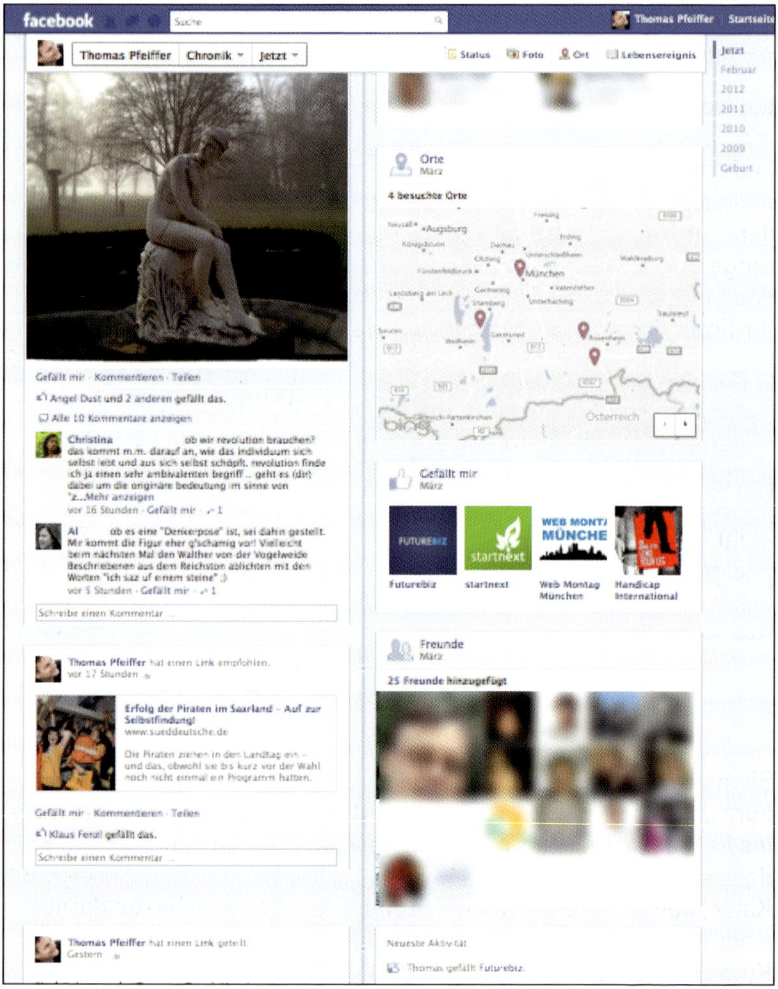

Abbildung 8: *Die Timeline auf Facebook. Nach dem Wunsch von Facebook stellen hier Nutzer eine Art tabellarischen Lebenslauf öffentlich zur Schau.*

Eine Übersicht über Facebook und seine Funktionen

Und damit beginnen auch die Probleme: Längst vergessen geglaubte Aussagen schwappen wieder nach oben. Besonders für Kinder und Jugendliche, die ihre Meinung im Wochenrhythmus wechseln, kann es problematisch sein, wenn alte Statusmeldungen wieder aufgetaut werden. Wie man das verhindert, erfahren Sie im Kapitel 3.11.

Ein weiterer Kritikpunkt an der Timeline: Durch das geforderte und von Facebook geförderte Zur-Schau-Stellen des eigenen Lebenslaufs wächst der Druck, sich auf Facebook langfristig darzustellen und nicht nur eine Momentaufnahme von sich abzugeben. Besonders für Heranwachsende stellt die Timeline eine Versuchung dar, Dinge über sich preiszugeben, die besser privat geblieben wären. Wie Sie Einträge aus der Timeline löschen bzw. die Timeline nur für Freunde zugänglich machen, erfahren Sie in Kapitel 3.

> **TIPP:** Sehen Sie sich das Facebook-Profil Ihres Kindes gemeinsam mit ihm aus der Sicht von Dritten, also Fremden oder Freunden von Freunden an und diskutieren Sie, ob dieses öffentlich abgegebene Selbstbildnis das ist, was Sie bzw. Ihr Kind tatsächlich von sich preisgeben möchten. Wie Sie Ihr eigenes Profil aus der Sicht eines Fremden anzeigen lassen können, erfahren Sie in Kapitel 3.

2.2.4 Neuigkeiten oder Updates

Sie heißen „Neuigkeiten", „Updates", „Statusmeldungen" oder kurz „Status" – die kleinen Botschaften, die man täglich mehrmals ins Facebook-Universum hinausposaunt. Die Menschen schreiben, dass sie auf dem Weg nach Hause sind, posten ein Bild der eigenen Katze, kommentieren einen Zeitungsartikel und verlinken darauf – all das sind Updates, die in einem kontinuierlichen Strom von Kurznachrichten auf Facebook gepostet werden.

Kapitel 2 – Der Überblick

Abbildung 9: *Die Statusmeldungen sind eines der Kernstücke von Facebook und machen viel von seinem Reiz aus.*

Manche schreiben Dinge, die nur den engsten Freundeskreis interessieren dürften, wieder andere ärgern sich über politische Verhältnisse oder freuen sich über den neuesten Klatsch und Tratsch von Stars und Sternchen. Diese „Gespräche" auf Facebook machen nichts anderes als Gespräche in der Kaffeeküche oder am Mittagstisch: Sie stellen Gemeinschaft her. Indem der Einzelne

Eine Übersicht über Facebook und seine Fu...

Dinge über sich erzählt, Meinungen und Einstellungen preis... gibt und auf andere reagiert, wird er Teil der Gemeinschaft – ... Mensch ist ein soziales Wesen.

Jede Statusmeldung können Freunde kommentieren, weiterverbreiten („teilen" oder englisch „sharen") oder „liken", also auf den GEFÄLLT MIR-Button klicken. Wenn ein Freund zum Beispiel ein lustiges YouTube-Video postet, benötigt man nur zwei bis drei Klicks, um das Video seinem eigenen Freundeskreis weiterzuleiten:

1. Auf „Teilen" klicken
2. Wenn man möchte, einen eigenen Kommentar dazu verfassen
3. Auf „Posten" klicken

Und schon hat man ein Video oder jeden beliebigen anderen Link weitergeleitet, eine moderne Form der Flüsterpost, ganz ohne Missverständnisse und Fehler in der Kommunikation.

Wenn man in das eigene Status-Feld einen Link eingibt, wird automatisch eine Vorschau zur verlinkten Website mit angezeigt: manchmal ein kleines Bild, die Überschrift zur Website und ein kurzer Anreißer-Text. Dazu erscheint dann der eigene Kommentar, wie in Abbildung 9 die zweite bis vierte Meldung.

Die Tatsache, dass Bilder, Webseiten und vor allem (YouTube-) Videos automatisch in einer Vorschau angezeigt werden, macht das Weiterleiten und Lesen von anderen Statusmeldungen besonders erlebnisreich. Um ein Video abzuspielen, muss man noch nicht einmal Facebook verlassen: Alles spielt sich direkt im sogenannten Newsstream (zu deutsch Nachrichtenstrom) ab, der breiten mittleren Spalte von Facebook.

> **HINWEIS:** Sie können in Ihren eigenen Einstellungen zur Privatsphäre genau festlegen, wer welche Statusmeldung oder welches Foto sehen können soll. Ihre eigene Voreinstellung können Sie auch individuell für jedes einzelne Posting und jedes Foto bzw. jedes Fotoalbum ändern. Wie Sie das genau machen, erfahren Sie in Kapitel 3.3.

2.2.5 Nachrichten

Nachrichten sind die E-Mails innerhalb von Facebook und immer wieder wird kolportiert, dass Jugendliche so etwas Altmodisches wie E-Mails nur benutzen würden, um den Großeltern zum 70. Geburtstag zu gratulieren. Tatsächlich haben Facebook-Nachrichten einige Unterschiede gegenüber herkömmlichen E-Mail-Programmen:

♦ Der Absender wird immer mit dem aktuellen Profilbild angezeigt.

♦ Man kann vor allem gut sehr kurze Nachrichten schreiben, die auch, wenn beide gerade bei Facebook angemeldet („online") sind, sofort zugestellt werden – genauso wie bei einem Chat

♦ Verlinkte Webseiten werden automatisch in einer Vorschau dargestellt.

Genauso wie bei herkömmlichen E-Mails sind Mail-Anhänge oder eingebettete Bilder möglich und Massenmails mit mehreren Empfängern gleichzeitig. Anders als bei E-Mails ist ein Export der E-Mails allerdings nicht vorgesehen, auch das Ausdrucken ist nicht so einfach. Allerdings würden Sie von Ihrem Kind sicherlich zumindest angelächelt werden, wollten Sie eine E-Mail ausdrucken. :-)

Entscheidend dafür, dass viele junge Menschen Facebook-Nachrichten gegenüber E-Mails bevorzugen, dürfte sein, dass das Schreiben von Nachrichten innerhalb von Facebook ziemlich leicht ist und – wenn man ohnehin schon auf Facebook unterwegs ist – keinen Medienbruch mehr darstellt: Es liegt schlicht noch näher als das nur einen Mausklick entfernte E-Mail-Programm.

2.2.6 Spiele auf Facebook

Facebook übt nicht nur eine Anziehungskraft auf Menschen aus, weil man sich via Facebook mit Freunden und Bekannten austauschen kann, sondern weil sich viele auf Facebook auch die Zeit mit Spielen vertreiben. Gerade für Kinder machen die Spiele einen erheblichen Reiz von Facebook auf. Häufig wollen Kinder sich nur deswegen auf Facebook anmelden. Dabei gibt es zwei Arten von Spielen:

Eine Übersicht über Facebook und seine Funktionen

- Spiele, die man alleine spielt. Hier kann man sich am Ende eines Durchgangs („Level") z.B. in eine Bestenliste („Highscore-Liste") eintragen und damit vor seinen Freunden angeben.

- Spiele, die man mit Facebook-Freunden spielt. Dazu zählen z.B. Farmville oder MafiaWars. Bei diesen Spielen geht es nicht nur um Geschicklichkeit, sondern auch darum, anderen auf Facebook etwas Gutes zu tun oder gegen sie zu bestehen.

Für Spiele, die man allein spielt (sog. „single user-Spiele"), bräuchte man strenggenommen kein Facebook. Diese könnte man auf jeder anderen Spieleplattform auch spielen. Aber weil man den eigenen erreichten Punktestand so einfach seinen Freunden mitteilen kann und weil sich die Spiele nahtlos in die Facebook-Oberfläche integrieren, nutzen viele Menschen auf Facebook die unterschiedlichsten Spiele.

Abbildung 10:
Facebook ist auch eine der größten Spieleplattformen im Internet mit unzähligen Spielen, die man sowohl alleine als auch mit- und gegeneinander spielen kann.

Dabei werden die Spiele gar nicht von Facebook selbst angeboten, sondern von Drittanbietern, die sich in die Plattform einklinken. Unter ihnen sind namhafte Spielehersteller ebenso wie talentierte und weniger talentierte Einzelprogrammierer (vgl. auch Kapitel 3.10). Die Spiele auf Facebook sind kostenlos, man bezahlt mit den eigenen Daten.

> **TIPP:** Unter *www.fbgamer.de* finden Sie eine Übersicht über Spiele auf Facebook. Sie können sich dort ein Bild von den Spielen machen, die Ihr Kind spielt, ohne ein eigenes Facebook-Konto unterhalten zu müssen.

Kapitel 2 – Der Überblick

2.2.7 Wo bin ich? Ortsmarkierungen und „Einchecken"

Man kann innerhalb von Facebook angeben, an welchem geografischen Ort man sich befindet. „Thomas Pfeiffer ist im Dietrich-Bonhoeffer-Gymnasium und Jöran Muuß-Merholz gefällt das". Wenn man sich an einem Ort anmeldet, nennt man das „Einchecken". Auch das können andere Facebook-Nutzer kommentieren oder „liken", also auf den GEFÄLLT-MIR-Button klicken. Meist passiert das Einchecken mit einem sogenannten Smartphone, also einem iPhone, einem Android- oder Windows-Mobile-Telefon. Dort sind GPS-Empfänger verbaut, mit deren Hilfe das Telefon den eigenen Aufenthaltsort auf einige Meter genau bestimmen kann. Anhand einer Vergleichstabelle schlägt Facebook passende Orte für diese Koordinaten vor.

In eng besiedelten Städten werden auch benachbarte Orte vorgeschlagen, das tatsächliche Einchecken muss jeder Nutzer aber noch selber vornehmen und extra bestätigen. Ein automatisches Einchecken gibt es bisher noch nicht und ist auch nicht in Sicht, zu ungenau ist die GPS-Ortsbestimmung: Statt zu Hause würden Personen dann fälschlicherweise beim Bäcker nebenan angemeldet – und das ist noch ein harmloses Beispiel.

Wenn man sich an einem Ort anmeldet, kann man auch eigene Freunde mit an diesem Ort einchecken. Das ist hilfreich, um mitzuteilen, mit wem man unterwegs ist – wenn beide das wollen. In Kapitel 3.4 erfahren Sie, wie Sie diese Möglichkeit auch wieder abschalten können: So kann niemand anderes als Sie selbst Sie an einem Ort anmelden und Sie behalten die Hoheit darüber, anderen mitzuteilen, wo Sie sich gerade aufhalten.

2.2.8 Gruppen

Der Mensch ist ein soziales Wesen – ganz besonders gilt das für die Menschen auf Facebook. Man möchte sich mit anderen zusammenschließen, manchmal sind das enge Freunde, manchmal teilt man auch nur ein gemeinsames Interesse oder Hobby, außer diesem einen Hobby sonst aber vielleicht nicht viel mehr. Mit manchen Freunden unterhält man sich gerne über Fußball, aber nicht über Politik oder die eigene Familienplanung.

Eine Übersicht über Facebook und seine Funktionen

Auf Facebook gibt es dafür themenspezifische Gruppen. Das sind eine Art Gesprächskreise zu einem selbst gewählten Oberthema. Es gibt Gruppen zu Fußball-Clubs, Angeln als Hobby, Justin Bieber oder Gruppen einzelner Schulklassen. Große Gruppen mit mehreren Tausend Mitgliedern gibt es ebenso wie Kleingruppen mit nur einer Handvoll – persönlich untereinander bekannter – Personen.

Gruppen sind im Wesentlichen eine Art Schwarzes Brett oder gemeinsame Pinnwand. Alle Gruppenmitglieder (oder je nach Einstellung auch die ganze Welt) können einzelne Beiträge auf der Gruppenpinnwand sehen und kommentieren. Und im Namen von Gruppen kann man zu Veranstaltungen einladen (genauso wie Privatpersonen oder Fanpages).

Jede Gruppe hat einen Administrator, das ist in den meisten Fällen auch der Gruppengründer. Jedes Mitglied kann Beiträge an die Pinnwand schreiben, Fotos oder Videos hochladen, die Beiträge anderer Mitglieder kommentieren und wird darüber, je nach eigener Einstellung, per E-Mail oder Facebook-Meldung benachrichtigt.

Bisher kann man jeden Freund jeder beliebigen Gruppe, die das Hinzufügen von Mitgliedern erlaubt, hinzufügen. Person A kann also Person B der Gruppe C zuordnen, und das ist mindestens für alle Gruppenmitglieder zu sehen. Ein Beispiel: Peter fügt Petra der Gruppen „Größte Idioten des Fritz-Meyer-Gymnasiums" hinzu und zunächst einmal ist Petra damit Teil dieser Gruppe mit dem hässlichen Namen. Allerdings muss Peter dafür auch Mitglied dieser Gruppe sein.

Zwar kann Petra diese Zuordnung im Nachhinein wieder löschen, aber das verlangt von ihr große Aufmerksamkeit und häufiges Einloggen auf Facebook . Solange sie nämlich die Zuordnung nicht zurücknimmt, bleibt sie für den gesamten Freundeskreis sichtbar.

Kapitel 2 – Der Überblick

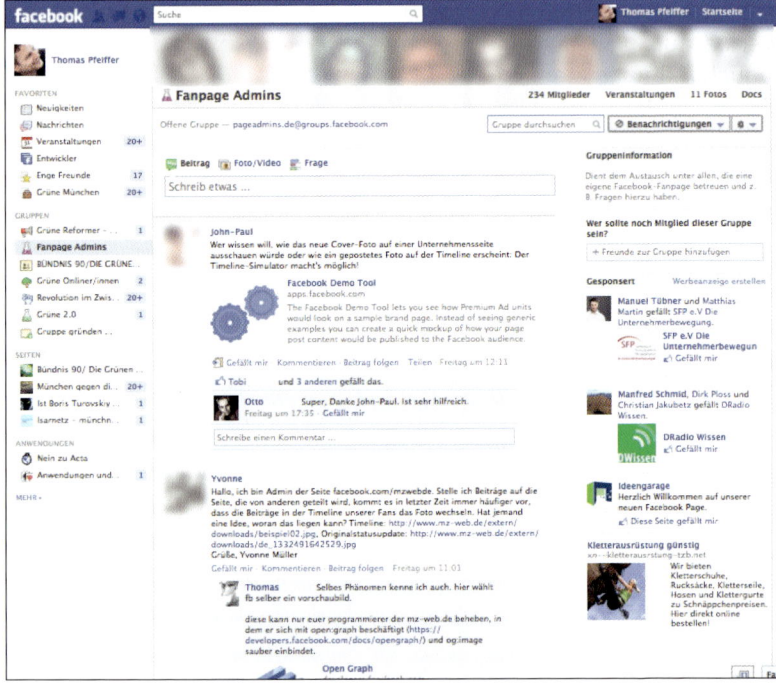

Abbildung 11: *Facebook-Gruppen sind wie schwarze Bretter, auf denen jedes Mitglied einen Eintrag hinterlassen kann und andere das öffentlich kommentieren können.*

Schön wäre es, wenn Facebook die Möglichkeit böte, Gruppenzugehörigkeiten vom Einverständnis der Einzelnen abhängig zu machen – eigentlich eine Selbstverständlichkeit. Wie so manchmal auf Facebook kann man nur hoffen, dass Facebook hier ein Einsehen hat und die Wünsche seiner Nutzerinnen und Nutzer in Zukunft ernster nimmt und die fremde Zuordnung zu Gruppen erst vom jeweiligen Einverständnis der betroffenen Personen abhängig macht.

2.2.9 Fotomarkierungen und Gesichtserkennung

Facebook weiß, wie seine Nutzerinnen und Nutzer aussehen. Nicht nur, weil beinahe jede und jeder ein aussagekräftiges Profilbild besitzt (viele haben auch mehrere unterschiedliche davon), son-

Eine Übersicht über Facebook und seine Funktionen

dern auch, weil andere Fotos von einem hochladen und angeben, wer darauf zu sehen ist. Diese sog. „Markierungen" passieren täglich millionenfach:

- einfach Foto hochladen und
- den Button JEMANDEN AUF DIESEM FOTO MARKIEREN drücken,
- anschließend auf ein Gesicht klicken
- und den Namen eingeben.

Facebook versucht mittlerweile, die Gesichter automatisch zu erkennen. Durch die bisherigen von Hand gesetzten Markierungen lernt Facebook, wer wie aussieht und kann so den „Service" anbieten, dass man automatisch Vorschläge angezeigt bekommt, wer von den eigenen Freunden auf dem Foto zu sehen ist.

Nicht möglich ist es, völlig Fremde mit diesem Service zu erkennen. In der Vorschlagsliste tauchen ausschließlich eigene Freunde auf. Den Fremden in der U-Bahn kann man damit nicht identifizieren.

Abbildung 12: *Fotomarkierungen zeigen an, wer auf einem Foto zu sehen ist. Einfach mit der Maus darüber fahren und der Name wird angezeigt – nebst einem Link zu dessen Facebook-Profil.*

2.2.10 Chat

„Chat" ist die englische Vokabel für „tratschen", „plaudern", „sich unterhalten" – und genau dafür ist die Chat-Funktion von Facebook auch da. Man kann damit innerhalb von Facebook in Echtzeit – ähnlich

Kapitel 2 – Der Überblick

wie bei einem „geschriebenen Telefonat" – mit seinen Facebook-Kontakten kommunizieren. Jeder Satz, den man eintippt, wird unmittelbar an den einen oder an mehrere Chat-Partner weitergeleitet.

Die Chat-Funktion wird gerade von Jugendlichen gerne und häufig genutzt: Wenn man nichts Gegenteiliges einstellt, wird man bei seinen Facebook-Kontakten als ONLINE angezeigt, sobald man sich bei Facebook anmeldet – das ist eine Art Meldung an alle: „Thomas betritt den Raum". Möchte nun jemand mit Thomas chatten, klickt man ihn einfach an und gibt seine erste Nachricht ein. Beim Gegenüber ertönt eine Glocke und eine kleines Fenster öffnet sich.

Jetzt kann man reagieren und ebenfalls eine Nachricht schreiben, die unmittelbar beim Gegenüber angezeigt wird.

Abbildung 13:
Chats sind sofort weitergeleitete Kurznachrichten innerhalb von Facebook.

Chats sind meist Gespräche und Plaudereien zwischen zwei oder mehreren Freunden. Wichtig für Chats ist zu wissen, dass anders als in Gesprächen vor Ort Mimik, Gestik und Tonfall des Gegenübers nicht erkannt werden können. Wenn man ein Wort zum Beispiel ironisch in die Länge zieht, wird das nicht immer im Chat auch klar.

Um diese wichtigen Meta-Informationen auch in geschriebenen Texten darzustellen, haben sich Kurzsymbole eingebürgert, die diese Zusatzinformation innerhalb der gesprochenen Sprache symbolisieren sollen, z.B. ein Smiley. Dreht man den Kopf nach links, sieht die Zeichenfolge :-) wie ein lächelndes Gesicht aus, umgekehrt sieht :-(sehr traurig aus. Damit kann man in Ansätzen Gefühle und Ironie ausdrücken.

Eine Übersicht über Facebook und seine Funktionen

Diese Chat-Funktionen und die Smileys sind nicht Facebook-spezifisch, die meisten Nutzerinnen und Nutzer kennen Smileys von E-Mails oder anderen Chat-Programmen wie MSN oder Skype.

2.2.11 Listen und Freundeskreise

Im Jahr 2011 bekam Facebook Konkurrenz aus dem Hause Google. Der Suchgigant stellte ein eigenes soziales Netzwerk namens *Google+* vor. Einige Dinge waren identisch zu Facebook, andere fehlten und wieder andere waren bei *Google+* deutlich komfortabler und besser durchdacht als bei Facebook. Dazu gehörte auch die Möglichkeit, Freunde in Listen zu sortieren und diese Listen mit gesonderten Informationen zu versorgen bzw. bestimmte Informationen vor manchen Listen zu verbergen. Diese Möglichkeit gab es bei Facebook schon länger, allerdings war sie nicht so komfortabel und leicht verfügbar wie bei *Google+*.

Die Möglichkeit, Freunde in Listen zu sortieren, nennt Facebook folgerichtig Freundeslisten. Man kann Listen anlegen z.B. für

♦ Klassenkameraden,

♦ Freundinnen aus dem Fußballteam

♦ oder die eigene Familie.

Jedes Status-Update kann man so an unterschiedliche Freundeskreise versenden, andere sehen das dann nicht mehr. Feiert Oma Lisbeth ihren 65. Geburtstag, sehen die Geburtstagswünsche nur Familienmitglieder. (Nach Angaben von Facebook nutzen mehr als eine Million über 60-Jährige in Deutschland Facebook). Freut man sich über den Auswärtssieg der eigenen Mannschaft, behelligt man damit nicht die Klassenkameraden, sondern nur Trainerin und die eigenen Abwehrspielerinnen.

An und für sich sind Freundeskreise eine feine Sache, versuchen sie doch, unser „reales" Leben besser abzubilden. Hier hat jeder auch unterschiedliche Rollen: Man(n) ist beispielsweise Vater, Schreinermeister, Ehemann und Schützenkönig. Auch Ihr Kind ist Tochter, Freundin, Ministrantin oder Fan von Teenie-Star Justin Bieber – durchaus unterschiedliche Rollen, die man verschieden ausfüllt und in denen man auch unterschiedliche Dinge sagt – schlichtweg ganz anders kommuniziert.

Kapitel 2 – Der Überblick

Mit den Freundeslisten ist es möglich, Statusmeldungen nur an bestimmte Zielgruppen zu senden und eigene Informationen, wie z.B. das Geburtsdatum, die Religion, Telefonnummer und Adresse nur ausgewählten Personenkreisen zugänglich zu machen. Andere bleiben dann außen vor. Dazu später in Kapitel 3.5 noch einiges mehr.

Abbildung 14: *Bei jedem Status-Update kann man auswählen, wer es sehen darf. Die Freundeskreise können dabei beliebig selbst gewählt werden – das ist aber nicht ganz unaufwändig.*

2.2.12 Fanseiten (Fanpages)

Von Fanpages hört man recht häufig. Marken und Stars betreiben Pages, auch Jugendmagazine oder Jugendtreffs. Eine Fanpage oder auch Fanseite ist vergleichbar mit einem persönlichen Profil, nur eben für Stars oder Institutionen. Fanpages sind quasi die „juristischen Personen" auf Facebook: Firmen, Vereine, Organisationen, Bücher, Filme, Marken, Politiker, Popstars und viele mehr.

Wenn man sich als natürliche Person bei Facebook anmeldet, muss man Geburtsdatum und Geschlecht angeben. Institutionen haben das nicht, sondern geben z.B. ein Gründungsjahr an. Ladenlokale wie z.B. Modeläden geben Öffnungszeiten an, für die im Facebook-Profil von Seiten ein extra Feld vorgesehen ist. Anders als personenbezogene Accounts kann man Fanpages einseitig „liken", das bedeutet, dass eine „Freundschaft" nicht von beiden Seiten bestätigt werden muss. Es reicht aus, wenn man einseitig seine Anhängerschaft bekundet, indem man auf GEFÄLLT MIR klickt und damit zum „Fan" einer Seite wird.

Eine Übersicht über Facebook und seine Funktionen

HINWEIS: Auf Facebook gibt es zwei Arten von Profilen: persönliche Profile für Menschen und Fanpages für Organisationen, vom Jugendtreff über ein Modegeschäft bis hin zum Bundeskanzleramt. Nur bei persönlichen Profilen kann man die Privatsphäre genau einstellen und z.B. Suchmaschinen ausschließen und eigene Fotos nur engen Freunden zugänglich machen, bei Seiten geht das nicht.

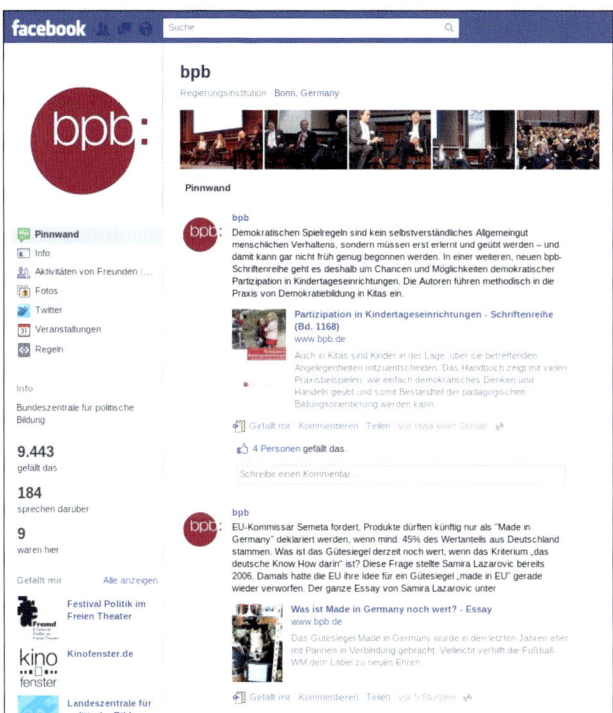

Abbildung 15: *Die Fanpage der Bundeszentrale für politische Bildung. Knapp 10.000 Menschen gefällt das, mehrere Status-Updates täglich veröffentlichen die Mitarbeiter, darunter viele Hinweise auf die eigene Website und eigene Artikel zu aktuellen politischen Entwicklungen.*

Seiten veröffentlichen genauso wie Privatpersonen Status-Updates und können genauso wie persönliche Accounts z.B. Veranstaltungen erstellen. Allerdings können Fanpages von mehreren Menschen

Kapitel 2 – Der Überblick

gleichzeitig betreut werden (sog. Administratoren) und Fanpages bieten aussagekräftige Statistiken, wem die Seite gefällt und wie häufig eigene Statusmeldungen geliked bzw. weiterverbreitet („geshared") werden. Zudem sind die Datenschutzeinstellungen bei Fanpages nicht so umfangreich wie bei persönlichen Accounts, beispielsweise sind Fanpages immer für Suchmaschinen auffindbar, bei privaten Accounts kann man das einstellen (siehe Kapitel 3.7).

In diesem Buch werden wir nicht näher darauf eingehen, wie man Fanseiten auf Facebook erstellt oder betreut. Diese sind Unternehmen und Organisationen vorbehalten und nicht für Ihr Kind gedacht.

2.2.13 Facebook von unterwegs

Man darf sich die Facebook-Nutzung nicht so vorstellen, dass man sie nur vom heimischen Schreibtisch aus durchführt. Kinder und Jugendliche loggen sich im Jugendtreff „mal eben kurz" auf Facebook ein, überprüfen, ob sie persönliche Nachrichten erhalten haben, und melden sich – manchmal zumindest – wenige Minuten später wieder ab. Ein Computer mit Internetzugang genügt, es muss nicht zwangsläufig der eigene Computer zu Hause sein.

Immer mehr verbreiten sich sogenannte Smartphones, wie beispielsweise das iPhone oder Windows-Mobile- oder Android-Telefone. Dort laufen kleine Programme, sogenannte Applications, abgekürzt: „Apps", die jeweils einem bestimmten Zweck dienen, z.B. ein Foto zu schießen oder die nächste Busverbindung nach Hause herauszusuchen. Auch für Facebook gibt es eine solche App. Sie ist für den kleinen Bildschirm und die besondere Bedienung des Telefons (nur mit den Fingern, aber ohne Maus) optimiert. Auf diese Weise kann man – während man beispielsweise an der Bushaltestelle wartet – stehend mit einer Hand quasi im Vorbeigehen kurz auf Facebook gehen und nachschauen, was die Freunde gerade so treiben – das dauert manchmal nur wenige Minuten.

Eine Übersicht über Facebook und seine Funktionen

Abbildung 17:
Auch auf dem Smartphone kann man mit Facebook verbunden bleiben. Für das Telefon optimierte Programme machen es möglich.

Das ist die schöne Seite der Medaille. Die andere Seite ist eine gefühlte Abhängigkeit, ständig erreichbar bzw. online sein zu müssen. Smartphones dringen in unsere Leben ein mit dem Versprechen und gleichzeitig der Drohung, ständig mit anderen in Kontakt treten zu können bzw. zu müssen. Es bedarf einiger Disziplin, Übung und Selbstsicherheit, bewusst „Nein" sagen zu können und eine eingehende SMS oder Chat-Anfrage auf Facebook nicht zu beantworten. Momente der Ruhe und Nichterreichbarkeit sind selten geworden heutzutage.

Moderne Smartphones verfügen über die sogenannte „Push-Funktion". Damit werden eingehende E-Mails, Nachrichten und Freundschaftsanfragen auf Facebook unmittelbar auf das Handy weitergeleitet, das Handy vibriert und klingelt, als käme eine SMS. Das mag bei wenigen Nachrichten pro Tag wenig unaufdringlich sein, kann sich aber schnell in „Kommunikations-Terror" verwandeln, wenn mehre Nachrichten pro Stunde ankommen und jedes Mal das Telefon klingelt. So kommt man nicht zu Ruhe.

Kapitel 2 – Der Überblick

> **TIPP:** Fragen Sie Ihr Kind, welche Push-Funktionen es auf seinem Handy aktiviert hat und wie häufig das Telefon deshalb klingelt. Wenn Sie bemerken, dass das Ihr Kind belastet, schalten Sie mit ihm gemeinsam einige der Push-Funktionen dauerhaft ab (z.B. Push-Funktion für Chat-Anfragen ja, für Nachrichten nein) oder vereinbaren Sie mit Ihrem Kind, Push-Funktionen nur zu bestimmten Tageszeiten zu aktivieren und z.B. ab 20 Uhr ganz auszustellen.

2.2.14 Facebook für Minderjährige

Gleich zu Beginn, wenn man sich bei Facebook anmeldet, wird man nach dem Geburtsdatum gefragt. Kinder unter 13 Jahren haben keinen Zugang zu Facebook, was aber viele nicht daran hindern dürfte, einfach ein falsches Geburtsdatum anzugeben – es findet keine Alterskontrolle statt (vgl. Kapitel 4.8).

Es gibt aber einen triftigen Grund, weshalb Ihr minderjähriger Nachwuchs zumindest das Geburtsjahr richtig angeben sollte: Facebook definiert die Privatsphäre von Minderjährigen anders als die von Erwachsenen. Zu den wichtigsten Unterschieden zählen:

- Minderjährige können nur Nachrichten von Freunden von Freunden erhalten, nicht aber von allen Facebook-Nutzern, wie Erwachsene das können.

- Minderjährige können Beiträge höchstens mit den Freunden ihrer Freunde teilen, nicht aber öffentlich mit allen Facebook-Nutzern.

- Bei Minderjährigen ist die Funktion „Markierungen überprüfen" standardmäßig ein-, bei Erwachsenen ausgeschaltet (vgl. Kapitel 3.4).

Es lohnt sich also auch aus der Sicht z.B. eines 14-Jährigen, sich nicht als volljährig auszugeben, weil dadurch die eigene „Privatsphäre" auf Facebook viel zu sehr ausgedehnt würde.

Probleme, die nicht individuell gelöst werden können

> **HINWEIS:** Facebook verwendet den Begriff „öffentlich" nicht konsequent. Bei Minderjährigen sind damit meist die Freunde von Freunden gemeint, bei Erwachsenen die ganze Facebook-Welt, manchmal auch die ganze Welt. In diesem Buch verwenden wir den Begriff dann, wenn er auch auf Facebook verwendet wird und schreiben jeweils dazu, was damit gemeint ist.

Sobald jemand das 18. Lebensjahr vollendet, stellt Facebook die Privatsphäre-Einstellungen automatisch um und informiert darüber das Geburtstagskind. Ob das allerdings als Geschenk wahrgenommen wird oder eher als Bürde, mag man unterschiedlich beurteilen.

> **HINWEIS:** Weitere Informationen zu den Unterschieden finden Sie im Hilfebereich von Facebook unter *www.facebook.com/help/?page=214189648617074* oder in der Linkliste auf der Website zu diesem Buch unter *www.facebook-fuer-eltern.net*.

2.3 Die größten Facebook-Probleme, die nicht individuell gelöst werden können

Facebook ist ein junges Unternehmen und die Internetbranche ist einer der schnelllebigsten Wirtschaftszweige überhaupt. Beinahe monatlich kommen neue Funktionen zu Facebook hinzu, Einstellungen werden verändert und die Plattform wird kontinuierlich umgebaut.

Mark Zuckerberg, der Gründer von Facebook, hat die Welt nicht nur um eine soziale Plattform im Internet „bereichert", er hat mit dieser Plattform auch einige Grundsätze bzw. grundlegende Herangehensweisen an manche Dinge etabliert – nicht immer zur Zufriedenheit aller Nutzerinnen und Nutzer. Die wichtigsten Probleme, die Facebook derzeit bereitet und die nicht durch individuell richtiges Verhalten gelöst werden können, stellen wir Ihnen in diesem Kapitel näher vor.

Kapitel 2 – Der Überblick

2.3.1 Opt-In und Opt-Out

Häufig entzündet sich ein Streit daran, ob neue Funktionen von vornherein freigeschaltet sein sollten oder ob jeder Nutzer für sich selbst neue Funktionen erst aktivieren muss – unterlässt er das, bleibt die Funktion für ihn speziell inaktiv.

- Das automatische Freischalten von Funktionen, beispielsweise die Gesichtserkennung, nennt man „Opt-Out". D.h., jede Nutzerin kann erst im Nachhinein neue Funktionen wieder abschalten.

- Wenn neue Funktionen aber ohne eigenes Zutun gar nicht erst aktiv werden und der Nutzer sie erst bewusst freischalten muss, nenn man das „Opt-In".

Als beispielsweise im Jahr 2011 die Ortsfunktion hinzukam, mit deren Hilfe man angeben konnte, wo man sich gerade befindet, konnte man auch von sich aus eigene Freundinnen und Freunde als Begleitung angeben, man konnte also einfach eine Aussage über andere treffen, ob denen das passt oder nicht: „Petra ist gerade in der Musikschule, zusammen mit Peter" wäre so eine Meldung. Peter erhält in diesem Beispiel eine Benachrichtigung, sobald er sich bei Facebook anmeldet. Zwar kann er die Ortsnennung nachträglich wieder löschen, aber solange er das *nicht* tut, bleibt die Information bestehen.

Die Tatsache, dass Dritte einen selber bei Ortsmarkierungen angeben können, kann jeder für sich ausschalten, wenn er das möchte. Petra könnte im Beispiel also nicht angeben, das Peter sie begleitet, wenn Peter die Funktion deaktiviert hat.

„Opt-In" bedeutet, die Funktion ist seit Neuerscheinen auf Facebook inaktiv und Peter, Petra und all die anderen müssen sie für sich erst einschalten. Facebook ging und geht häufig einen anderen Weg: Neue Funktionen müssen explizit deaktiviert werden, sonst bleiben sie bestehen.

Dieses Opt-Out-Verfahren, das Facebook benutzt, wird von vielen zu Recht kritisiert. Der Nutzer kann sich auf seine Einstellungen zur Privatsphäre nicht verlassen, wenn immer neue Funktionen hinzukommen. Facebook macht das natürlich deshalb, weil neue Funktionen in ihren Augen einen Mehrwert bieten, den sie den

Probleme, die nicht individuell gelöst werden können

Nutzerinnen und Nutzern anbieten, und weil dieser Mehrwert über Umwege auch den Wert des Unternehmens steigert. Das darf aber nicht zu Lasten der Privatsphäreeinstellungen der Menschen gehen, finden die Kritiker.

Ein wachsames Auge über neue Funktionen auf Facebook ist hilfreich.

> **HINWEIS:** Auf der Webseite zum Buch unter *www.facebook-fuer-eltern.de* informieren Sie die Autoren über neue Einstellungen und geben Tipps, wie Sie Ihre Privatssphäre weiterhin schützen können.

2.3.2 Facebook im weiten Internet – der Gefällt-mir-Button

Facebook ist fast überall. Surft man auf *sueddeutsche.de,* sieht man den Gefällt-mir-Button, liest man *Bravo.de,* ist es nicht anders und auf unzähligen Blogs sowieso. Manchmal steht auf dem Button statt Gefällt mir ein einfaches Empfehlen – technisch gesehen sind die beiden Varianten identisch, einzig die Beschriftung unterscheidet sich. Was für Webseitenbetreiber eine willkommene Möglichkeit darstellt, für eine weitere Verbreitung der eigenen Inhalte zu sorgen, stellt unter Datenschutzaspekten ein Problem dar.

Warum ist das so? Der Gefällt-mir-Button, den man auf einer beliebigen Webseite sieht, wird gar nicht von dieser Webseite ausgeliefert, sondern von *www.facebook.com* direkt. Surft man z.B. die Webseite *sueddeutsche.de* an, wird im ersten Schritt der sogenannte Quelltext der Seite blitzschnell im Hintergrund auf den eigenen Computer heruntergeladen. In diesem Quelltext ist angegeben, welche Bilder und Videos in der Seite eingebettet sind und der Browser (z.B. Firefox, Chrome, Safari, Opera oder Explorer) lädt dann der Reihe nach all diese Bilder und Videos einzeln nach. Nun kommen wir zum Gefällt-mir-Button: Dieser wird genauso nachgeladen wie die Bilder, nur eben in diesem Beispiel nicht vom Server *sueddeutsche.de*, sondern direkt von *facebook.com*.

Kapitel 2 – Der Überblick

Jeder Server, der eine Anfrage erhält, muss aber wissen, wohin er die Antwort schicken soll. Das heißt, er muss die IP-Adresse kennen und – je nach individueller Sicherheitseinstellung – auch die Cookies des anfragenden Surfers. Daran erkennt Facebook, wen es vor sich hat, und kann z.B. die Profilbildchen der persönlichen Freunde anzeigen, die die gerade aufgerufene Seite schon einmal besucht und „geliked" haben.

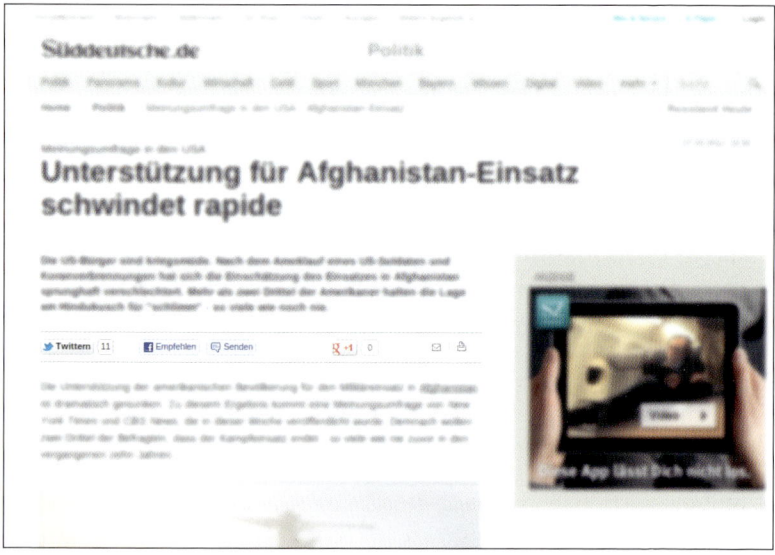

Abbildung 18: *Den Gefällt-mir-Button gibt es auf unzähligen Webseiten im gesamten Internet.*

Möchte jemand, der im Internet surft, dass Facebook weiß, auf welchen Seiten man sich bewegt, ist alles in Ordnung. Das Datenschutzproblem entsteht dadurch, dass man, ohne eigenes Zutun und ohne es zu wollen oder abstellen zu können, die Information, welche Seite man gerade im Internet besucht, an Facebook preisgibt, und zwar schon allein dadurch, das ein Seitenbetreiber den Gefällt-mir-Button installiert hat. Der vorbeisurfende Internetnutzer kann es dann nicht mehr verhindern, dass Facebook von diesem Webseitenbesuch Wind bekommt.

Probleme, die nicht individuell gelöst werden können

Indem man sich bei Facebook ausloggt, kann man sich – wahrscheinlich – auch nicht vor Überwachung durch Facebook schützen. Facebook selbst beantwortete dahingehende Fragen bei einer Anhörung im Deutschen Bundestag nur ausweichend. Am 24. Oktober 2011 wurde Richard Allan, der Leiter der Öffentlichkeitspolitik bei Facebook in Europa („Director European Public Policy") im Deutschen Bundestag, genauer im Unterausschuss Neue Medien gefragt, welche Daten genau von Nicht-Facebook-Nutzern bzw. nicht eingeloggten Nutzern gespeichert werden können, ob diese gespeichert werden und wenn ja, zu welchem Zweck (nachzulesen unter *www.bundestag.de/bundestag/ausschuesse17/a22/ a22_neue_medien/oeffentliche_Sitzungen/datensicherheit/*). Herr Allan wich dieser Frage mehr oder weniger gekonnt aus und nachgehakt wurde nicht. Auch sonst gibt Facebook zu der Frage, welche Daten von nicht eingeloggten Nutzern erhoben werden, keine Auskunft. Es liegt die Vermutung nahe, dass, wenn sie antworten würden, ein öffentlicher Sturm der Entrüstung – zumindest in Deutschland – aufbrausen würde.

Es gibt in dieser Frage zwei sich widerstrebende Interessen: zum einen der Wunsch der Webseitenbetreiber, die eigenen Inhalte möglichst weit zu streuen. Und dafür ist der Gefällt-mir-Button ein gutes Mittel. Zum anderen der Wunsch – und das Recht – der Webseitenbesucher auf informationelle Selbstbestimmung. Und das bedeutet, dass Facebook einen nicht auf Schritt und Klick im Internet hinterherläuft. Beides ist mit dem Original-Gefällt-mir-Button von Facebook nicht zu gewährleisten.

Aber es gibt eine Lösung: Bevor der Gefällt-mir-Button innerhalb einer Seite nachgeladen wird, fragt man den Besucher erst um Erlaubnis. Willigt er ein, wird der Button nachgeladen und alles ist wie gehabt. Willigt er nicht ein bzw. lädt er den Button nicht selbst aktiv nach, erfährt Facebook auch nichts vom Besuch auf dieser Website. Für den Nutzer ist das nur ein Klick mehr.

Sie sehen in den beiden folgenden Abbildungen zum einen die Originaleinbindung und die datenschutzkonforme Variante. Bei Letzterer muss man lediglich auf die ausgegrauten Buttons klicken, um sie zu aktivieren.

Kapitel 2 – Der Überblick

Abbildung 19: *Die Einbindung des Gefällt-mir-Buttons bzw. Empfehlen-Buttons im Original. Facebook erfährt auf diese Weise, dass man diese Seite angesurft hat.*

Abbildung 20: *Die datenschutzkonforme Lösung von Heise. Um auf den Empfehlen-/Gefällt-mir-Button klicken zu können, muss man ihn erst vorher höchstpersönlich aktivieren.*

Die zweite Variante stammt vom Computerverlag Heise, mehr Infos dazu gibt's unter *www.heise.de/extras/socialshareprivacy/*. Als Heise diese Variante vorstellte, wehrte sich Facebook zunächst und verwies auf deren Richtlinien, nach denen der Gefällt-mir-Button nicht nachgeahmt werden dürfe. Aufgrund von lauten Protesten innerhalb der Web-Community ruderte Facebook zurück und ging nicht mehr gegen diese als „Social Share Privacy" bezeichnete Variante vor.

Kapitel 3

Das fehlende Handbuch

Wie man Facebook gemäß der eigenen Bedürfnisse einstellt

Sie erfahren, welche Möglichkeiten es bei Facebook gibt und wie sie funktionieren. Konkrete Erklärungen und anschauliche Beispiele helfen Ihnen, damit Sie sich nicht Facebook anpassen müssen, sondern Facebook Ihren Interessen anpassen können.

Kapitel 3 – Das fehlende Handbuch

3.1 Möglichkeiten entdecken, Fehler vermeiden

Facebook kommt ohne Handbuch daher. Viele probieren Einstellungen und Funktionen einfach aus, manche gehen dabei baden. Die 15-jährige Thessa aus Hamburg ist so ein trauriges Beispiel. Sie hatte zu ihrer Geburtstagsparty auf Facebook eingeladen und dabei nicht richtig auf die Einstellungen geachtet. Statt nur Freunde und Bekannte aus ihrer Klasse einzuladen, standen plötzlich Hunderte von Partygästen vor der Tür. Aus Versehen ging die Einladung an viel zu viele Menschen und die machten sich einen Spaß daraus, das verdutzte Mädchen und ihre Eltern zu besuchen.

Wie man sich vor ungebetenen Partygästen schützen kann, erfahren Sie in diesem Kapitel. Außerdem zeigen wir Ihnen, wie Sie festlegen können, wer was von Ihrem Profil sehen darf und wie Sie sich in der öffentlichen Suche von Facebook verstecken können.

Sehen wir uns also an, wie man die eigenen Facebook-Einstellungen ein wenig „aufpeppen" kann, wie vielleicht Ihr Teenager-Nachwuchs das ausdrücken würde.

3.2 So sehen Fremde mein Profil

Zunächst einmal ist es wichtig, ein Gefühl dafür zu bekommen, wie andere das eigene Facebook-Profil sehen. Dabei gibt es bei Facebook jede Menge dieser anderen. Es gibt

1. die eigenen Freunde
2. Freunde von Freunden
3. gegebenenfalls die selbst definierten Freundeskreise, z.B. „Fußballfreunde" oder „Klassenkameraden"
4. Alle/Öffentlich: die gesamte Facebook-Welt

Fangen wir bei der größtmöglichen Gruppe an: die gesamte Facebook-Welt. Wie sieht ein völlig Fremder das eigene Profil? Kann der Fotos und ganze Alben sehen? Weiß er, was man unter Religionszugehörigkeit angegeben hat und wer die eigenen Freunde sind?

So sehen Fremde mein Profil

> **HINWEIS:** Wenn Ihr minderjähriges Kind sein Alter korrekt angegeben hat, gibt es „Alle: die gesamte Facebook-Welt" nicht, das steht nur Volljährigen zur Verfügung. Wer noch nicht 18 ist, kann höchstens Freunden von Freunden Informationen preisgeben – willentlich oder nicht. Es ist daher wichtig, dass sich Ihr Kind auf Facebook nicht älter macht, als es ist, weil für Minderjährige höhere Sicherheitsstandards gelten.

Abbildung 1: *Man kann sich bei Facebook anzeigen lassen, wie das eigene Profil aus Sicht eines Freundes bzw. aus Sicht eines Fremden aussieht. Damit lässt sich das eigene Bild in der Öffentlichkeit modellieren.*

Bei Facebook kann man das relativ einfach überprüfen. Das kann man selbst machen, dazu braucht man keinen zweiten Account. Klicken Sie auf Ihrer persönlichen Facebook-Startseite zunächst auf Ihren Namen (rechts neben Ihrem Profilbild), um zu Ihrem

Kapitel 3 – Das fehlende Handbuch

Profil zu gelangen. Rechts unterhalb Ihres Titelbilds finden Sie die Buttons Informationen bearbeiten, Aktivitätenprotokoll und daneben ein Zahnrad. Wenn Sie auf das Zahnrad klicken, erscheint der Button Anzeigen aus der Sicht von ….

Abbildung 2: *Wer nicht mit diesem Account befreundet ist, sieht nicht, was dem Inhaber „gefällt" und welche Menschen er seine Facebook-Freunde nennt. Wessen Statusmeldungen er abonniert und in welcher Stadt er wohnt, sieht man in diesem Beispiel dagegen schon.*

Überlegen Sie sich gemeinsam mit Ihrem Kind, ob das, was Fremde vom eigenen Profil sehen, das ist, was Sie und Ihr Kind auch möchten, dass Fremde bzw. Freunde von Freunden es sehen. Fragen Sie Ihr Kind, ob es mit diesen Fotos bzw. persönlichen Angaben auch herumlaufen würde, wenn sie auf einem T-Shirt aufgedruckt wären? Würde Ihr Kind das machen oder sich damit schämen? Das mehr oder weniger anständige Foto von der letzten Party – würde Ihr Kind das auf ein T-Shirt drucken und damit über den Pausenhof laufen? Falls nicht, hat das Foto auf Facebook auch nichts verloren – zumindest nicht ohne eine strenge Eingrenzung des Publikums.

Mit dieser Übung („Ansehen des eigenen Profils aus der Sicht von Fremden") beantwortet man sich vor allem die Frage, ob weiterer Handlungsbedarf besteht und wie man das, was andere von einem auf Facebook sehen können, beeinflussen kann.

Beginnen wir damit, wie man Statusmeldungen zwar für den eigenen Freundeskreis sichtbar macht, aber vor z.B. den Freunden von Freunden verbirgt.

Private Postings und Fotos sollten privat bleiben

3.3 Private Postings und Fotos sollten privat bleiben

Man kann mit nur zwei Klicks festlegen, wer welche Statusmeldung sehen soll und vor wem sie verborgen wird. In der Hitze des Gefechts kann es manchmal vorkommen, dass man aus Versehen die falsche Zielgruppe auswählt und Tante Hilde das Party-Bild vom Wochenende in den Newsstream postet. Das kann witzig sein – muss es aber nicht.

Es ist nicht immer von Vorteil, wenn alles, was man denkt und den engsten Freunden mitteilen möchte, gleich die ganze (Facebook-)Welt erfährt. Deshalb kann man bei jedem einzelnen Posting angeben, wer es sehen können soll, also z.B. nur der eigene Freundeskreis, Freunde von Freunden, ein bestimmter Freundeskreis (z.B. nur die Klassenkameraden) oder alle (die Einstellung ALLE ist für Profile von Minderjährigen nicht verfügbar; dort meint ALLE nur die Freunde von Freunden).

Abbildung 3: *Links neben dem blauen Button „Posten" kann man angeben, wer eine Statusmeldung sehen kann – und wer nicht.*

Man kann aber auch in den eigenen Einstellungen zur Privatsphäre angeben, wer standardmäßig die Nachrichten sehen können soll.

Das machen Sie in den Einstellungen zur Privatsphäre unter der Webadresse *www.facebook.com/settings/?tab=privacy*. Dort können Sie festlegen, wer Status-Updates, Fotos und Links sehen soll, wenn man nichts Besonderes angibt, was also die Voreinstellung sein soll. Aber Achtung: Diese Voreinstellung gilt nur, wenn Sie

Kapitel 3 – Das fehlende Handbuch

Facebook mit Ihrem Mobiltelefon verwenden. Im Browser (d.h. auf Ihrem „normalen" Computer) sind immer die Einstellungen vorausgewählt, die Sie beim letzten Posting verwendet haben! Diese lassen sich dann für jeden Beitrag ändern. Facebook nennt diese Möglichkeit zur Änderung „Inline-Publikumsauswahl". „Inline" meint hier: Direkt beim Beitrag, ohne dass man in die Einstellungen wechseln muss.

Sie haben die Wahl zwischen

♦ Alle/Öffentlichkeit (diese Einstellungsmöglichkeit steht nicht für Minderjährige zur Verfügung bzw. meint Freunde von Freunden)

♦ Freunde

♦ Freunde von Freunden

♦ Benutzerdefiniert

Unter BENUTZERDEFINIERT kann man angeben, welche Freundesliste Meldungen sehen können soll und vor welcher Informationen verborgen bleiben.

Abbildung 4: *Die Voreinstellungen beim Posten von Nachrichten greifen dann, wenn man Facebook von einem Mobiltelefon aus benutzt.*

Was andere mit mir anstellen können

> **TIPP:** Je jünger Ihr Kind ist, desto enger sollten diese Einstellungen sein. Schnell hat man mal in einem unbedachten Moment jemandem die Facebook-Freundschaft angeboten und vergisst später, dass diese Beziehung besteht. 13-Jährige plaudern dann Dinge aus, die nicht für einen breiten Personenkreis bestimmt sind. Davor kann die Voreinstellung „Nur für enge Freunde" schützen.

3.4 Ich und andere auf Facebook: was andere mit mir anstellen können

Facebook ist ein soziales Netzwerk. Es lebt davon, dass man sich mit anderen austauscht und zu diesem „Austausch" gehört auch, dass man etwas über andere sagt – im schönsten Falle ist das nur positiv, aber leider eben nicht immer. Es gehört auch zum Erwachsenwerden dazu, dass man negative Rückmeldungen von anderen bekommt, manchmal sind sie gerechtfertigt, manchmal auch nicht – wobei hier die Meinungen natürlich stark auseinandergehen, was gerechtfertigte Kritik ist und was nicht.

Jedes Mal, wenn sich jemand über mangelnden Schutz der Privatsphäre auf Facebook beschwert, antwortet Facebook damit, dass man ja alles einstellen könne. Kann man – wenn man sich auskennt und ständig am Ball bleibt, um neue Funktionen wieder zu deaktivieren, wenn man sie nicht möchte. Und wer nichts tut, bekommt die ab Werk eingebauten Einstellungen und die sind eher im Sinne von Facebook als im Sinne des deutschen Datenschutzverständnisses.

Auf Facebook kann man eigene Freunde namentlich in Postings erwähnen und diese Erwähnungen werden automatisch mit dem entsprechenden Profil verlinkt; die erwähnten Freunde erhalten darüber eine gesonderte Nachricht in ihren „Briefkasten". Dabei können Sie einstellen, welche dieser Inhalte auch andere sehen können sollen. Darum geht es in den nächsten Kapiteln.

Kapitel 3 – Das fehlende Handbuch

Abbildung 5: *Was andere über einen schreiben, kann man auf der eigenen Pinnwand anzeigen lassen oder nicht, je nach persönlichen Vorlieben.*

Werfen wir einen Blick auf die grundsätzlichen Privatsphäre-Einstellungen, die Facebook bietet, und wie man sie sinnvoll für sich ändert.

3.4.1 Wer soll mich über die Facebook-Suche finden können?

Eine wichtige Einstellung ist, wer nach einem selbst suchen kann bzw. ob man über die Facebook-interne Suche auffindbar ist. Im Facebook-Jargon lautet das etwas verklausuliert: Wer kann per Name oder Kontaktinformationen nach deiner Chronik suchen? Dort hat man drei Einstellungsmöglichkeiten: Alle, Freunde oder Freunde von Freunden. Hier gilt, je privater ein Facebook-Konto geführt wird, desto enger sollte man diese Einstellung vornehmen, und ebenso je jünger Ihr Kind ist, desto enger.

Ein Argument für eine enge Einstellung für Kinder und Jugendliche ist, dass sie es kaum nötig haben, über die Suche gefunden zu werden, weil ihre Facebook-Umgebung sich sehr stark mit ihrem

Was andere mit mir anstellen können

tatsächlichen Freundeskreis aus der Schule deckt. Die Suche ist vor allem gut, wenn man alte Schulkameraden von früher wiederfinden will. Wenn man die aber noch täglich neben sich sitzen hat, ist eine aufwändige Suche auf Facebook sinnlos und kann deaktiviert werden.

Abbildung 6: *Wer kann mich anschreiben, wer kann mich um die Freundschaft bitten? Bei Facebook kann man alles einstellen.*

Man kann auch individuell einstellen, ob man über die E-Mail-Adresse gefunden werden möchte oder nicht. Um gefunden zu werden, muss die E-Mail-Adresse nicht öffentlich bei Facebook für alle Welt zugänglich gemacht werden. Wie Sie das einstellen können, erfahren Sie in Kapitel 3.7.

3.4.2 Wer soll mir die Facebook-Freundschaft antragen können?

Jede Verbindung auf Facebook (im Facebook-Jargon: „Freundschaft") muss gegenseitig bestätigt werden. Möchte Petra mit Peter befreundet sein, stellt sie eine Freundschaftsanfrage und wartet ab, ob sie bestätigt wird. Solche Freundschaftsanfragen erscheinen prominent sichtbar im Facebook-Profil und werden – je nach Einstellung – auch per Mail an den Befragten versendet.

Kapitel 3 – Das fehlende Handbuch

Viele Freunde zu haben, ist der Traum vieler Teenager und einige sammeln regelrecht Freunde auf Facebook. Wenn man diese Freunde umgehend in die Freundesliste EINGESCHRÄNKT (siehe Kapitel 3.5) einsortiert, ist dies zunächst aus Datenschutzsicht auch kein Problem.

Allerdings wird eine große „Freundesschar" auf Facebook vom eigenen realen Freundeskreis durchaus kritisch gesehen. Auch Teenager erkennen, dass niemand 650 „richtige" Freunde haben kann, und reagieren entsprechend auf jemand „so beliebtes". Sprechen Sie in diesem Fall mit Ihrem Kind und versuchen Sie herauszufinden, warum Ihr Kind eine hohe Anzahl an Freunden bei Facebook als Anerkennung empfindet oder nötig hat und ob dies nicht eher ein Symptom für ganz andere Sorgen und Nöte ist.

Es ist nicht immer leicht, eine unerwünschte Freundschaftsanfrage abzulehnen und dabei sein Gegenüber nicht zu verletzen. Denkbar ist aber folgender Wortlaut:

Liebe Frau Lehrerin,

vielen Dank für Ihre Freundschaftsanfrage. Ich habe mich darüber gefreut. Dennoch kann ich diese Anfrage nicht annehmen. Ich nutze mein Facebook-Profil ausschließlich, um mich mit meinem engsten Freundeskreis auszutauschen. Bitte haben Sie Verständnis dafür.

Schöne Grüße

Ihre Paula

Wenn man gar nicht weiß, wer einen da anspricht, kann man Freundschaftsanfragen natürlich auch ignorieren und auf JETZT NICHT (BESTÄTIGEN) klicken. Ein bisschen höflicher – und wenn man sich nicht ganz sicher ist, wer einen da eigentlich fragt, kann man schreiben:

Hallo,

Danke für die Anfrage. Kennen wir uns?

Grüße

Atilla

Was andere mit mir anstellen können

Freundschaftsanfragen werden von einigen sehr inflationär ausgesprochen. Gerät man an so jemanden oder an einen gefälschten Account, der nur darauf aus ist, möglichst viele Nutzerdaten zu sammeln, sollte man gar nicht auf die Anfrage reagieren bzw. den Account auch als „Spam" melden. Wie Sie das machen, erfahren Sie in Kapitel 4.5.

> **TIPP:** Woran erkennt man gefälschte Accounts, sogenannte „Fake-Accounts"? Wenn ein Profil zu schön ist, um wahr zu sein, ist es das wahrscheinlich auch. Hier einige Hinweise, die auf Fake-Profile hindeuten:
>
> ♦ Das Profilfoto ist „sehr freizügig".
> ♦ Es ist ein fremdsprachiger Account, der z.B. nur auf Englisch postet.
> ♦ Die Statusmeldungen verweisen auf zwielichtige Webseiten bzw. Anwendungen.
> ♦ Sehr viele Freunde (z.B. mehrere Hundert oder gar Tausend)

Zuguterletzt kann man sich vor unerwünschten Freundschaftsanfrage auch schützen, indem man in den Privatsphäreeinstellungen nur Anfragen von Freunden von Freunden erlaubt und damit den möglichen Kreis der Anfragenden einschränkt. Gehen Sie dazu auf PRIVATSPHÄRE-EINSTELLUNGEN → FUNKTIONSWEISE VON VERBINDUNGEN → WER KANN DIR FREUNDSCHAFTSANFRAGEN SENDEN?.

Wenn man allerdings einen Fake-Account aus Versehen zu seinen Freunden zählt, wird man wahrscheinlich ab und an weitere gefälschte Anfragen bekommen. Dann kann nur noch das Ende der Freundschaft mit diesem Account für Ruhe sorgen. Wie Sie eine Freundschaft auf Facebook beenden, erfahren Sie in Kapitel 4.5.

Kapitel 3 – Das fehlende Handbuch

3.4.3 Wer kann auf meine Pinnwand schreiben?

Früher hieß sie Pinnwand, jetzt nennt Facebook sie meist Chronik: Die eigene (halb-)öffentlich abrufbare Seite auf Facebook. Hier postet man Statusmeldungen, hinterlässt Bilder und Freunde und Freundinnen können kommentieren und auf den berühmten GEFÄLLT-MIR-Button klicken. Die Chronik ist das Abbild des eigenen Lebens (nach den Vorstellungen von Facebook-Chef Mark Zuckerberg), z.B. der eigenen Äußerungen auf Facebook (Statusmeldungen) und der Dinge, bei denen man auf Facebook GEFÄLLT MIR angeklickt hat.

In dieser Chronik sieht man, wann man sich mit wem befreundet hat, wann man welches Foto eingestellt hat und welche Fanpages man „liked". In diese Chronik darf entweder nur man selbst posten oder man lässt auch zu, dass Freunde Meldungen und Fotos auf der Pinnwand hinterlassen.

Gerne wird das z.B. für Geburtstagswünsche genutzt, die man einem Freund nicht per E-Mail oder Direktnachricht schickt, sondern auf der Pinnwand hinterlässt. Etwa so, als würde man einer Freundin vor „versammelter Mannschaft" zum Geburtstag gratulieren.

Nicht jeder freut sich über fremde Nachrichten auf der eigenen Pinnwand. Deshalb kann man bei Facebook einschränken, wer IN DIE CHRONIK POSTEN können soll: entweder NUR ICH oder alle FREUNDE. Eine feinere Einstellung ist nicht möglich.

Hier stellen sich vor allem die Fragen, wie man mit Kommentaren von anderen umgeht und wie psychisch belastbar man ist, falls einmal etwas weniger Schmeichelhaftes gepostet wird. Je jünger Ihr Kind ist, desto eher sollte nur es selbst auf der Pinnwand schreiben dürfen, Gleiches gilt für Kinder und Jugendliche ohne starkes Selbstbewusstsein. Es ist völlig okay, dass man hier die Einstellung auf NUR ICH vornimmt, das mag böse Zungen im Freundeskreis herausfordern, nimmt ihnen aber eine Möglichkeit, einen selber auf der eigenen Pinnwand zu diffamieren (siehe dazu auch Kapitel 3.4).

Was andere mit mir anstellen können

3.4.4 Chroniküberprüfung von Beiträgen

Wenn Sie auf *www.facebook.com/settings/?tab=privacy* auf Chronik und Markierungen klicken, haben Sie folgende Einstellungsmöglichkeit:

Beiträge in denen Freunde dich markieren prüfen, bevor sie in deiner Chronik erscheinen.

Gemeint (ob mit oder ohne Kommasetzung) ist Folgendes: Wenn Peter seine Freundin Petra in einer Statusmeldung namentlich erwähnt oder sie auf einem Foto markiert, erscheint das zusätzlich in Petras Chronik. Sie hat das Foto nicht selber geschossen und auch nicht auf Facebook hochgeladen, aber sie wurde darauf markiert.

Abbildung 7: *Die Chronik von Thomas Pfeiffer mit einem Beitrag von Jöran Muuß-Merholz. Warum? Weil Jöran Thomas namentlich erwähnt hat. Wenn andere über einen berichten, erscheint das in der eigenen Chronik – wenn man das möchte.*

Kapitel 3 – Das fehlende Handbuch

Mit der Einstellung CHRONIKÜBERPRÜFUNG legt man fest, ob man solche Veröffentlichungen in der eigenen Chronik grundsätzlich **vorher** bestätigen muss oder ob solche Beiträge von Dritten **automatisch** erscheinen – ohne vorherige Überprüfung. Im Nachhinein löschen kann man das Erscheinen solcher Erwähnungen auf der eigenen Profilseite aber immer.

Hier gelten ähnliche Tipps wie zum Thema „Wer kann auf meine Pinnwand schreiben": Kinder, die leicht Opfer von Hänseleien oder Schlimmerem werden, sollten die CHRONIKÜBERPRÜFUNG dringend einschalten, um Herr bzw. Herrin über die eigene Chronik zu bleiben.

Abbildung 8:
Alle Einträge, auch die von Fremden, kann man in der eigenen Chronik wieder löschen oder auch als Spam melden.

3.4.5 Markierungen auf Fotos

Auch beim Punkt „Markierungen auf Fotos" muss man in den Privatsphäreeinstellungen zweimal nachdenken, ehe man ihn richtig versteht: Möchte man, dass niemand anderes ungefragt Markierungen zu eigenen Fotos hinzufügt, muss man auf AKTIVIEREN klicken. Warum? Weil man den Versuch, jemanden auf einem Foto zu markieren, nicht grundsätzlich unterbinden kann.

Außerdem ist es nur möglich, die Erlaubnis, eine Markierung zu veröffentlichen, für jedes Foto einzeln zu unterbinden. Man wird dann leider jedes Mal gefragt, ob man eine Markierung erlauben möchte oder nicht. Das ist Facebooks (Un-)Art, dieses „Feature" bekannter zu machen: Wer es nicht nutzen möchte, muss jedes Mal einzeln widersprechen.

Um jede Markierung vor ihrer Veröffentlichung vorher prüfen zu können, klicken Sie auf *www.facebook.com/settings/?tab=privacy* auf CHRONIK UND MARKIERUNGEN und gehen Sie dann auf MARKIERUNGEN, DIE FREUNDE ZU DEINEN EIGENEN BEITRÄGE AUF FACEBOOK HINZUFÜGEN, PRÜFEN. Dort muss der Schalter auf AN gestellt sein.

Was andere mit mir anstellen können

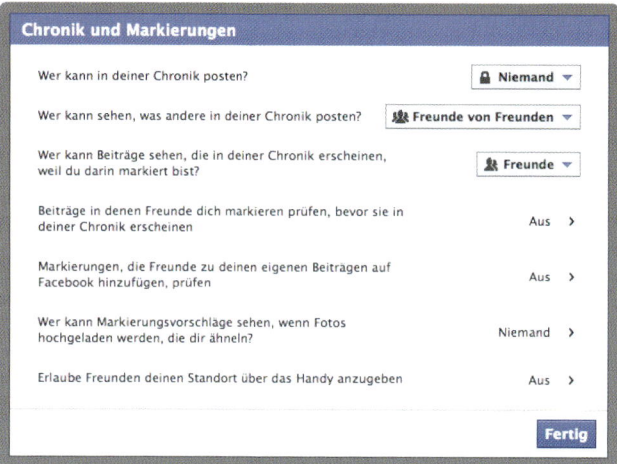

Abbildung 9: *Welche Freunde was mit dem eigenen Profil anstellen können – in den Privatsphäre-Einstellungen kann das jeder genau festlegen.*

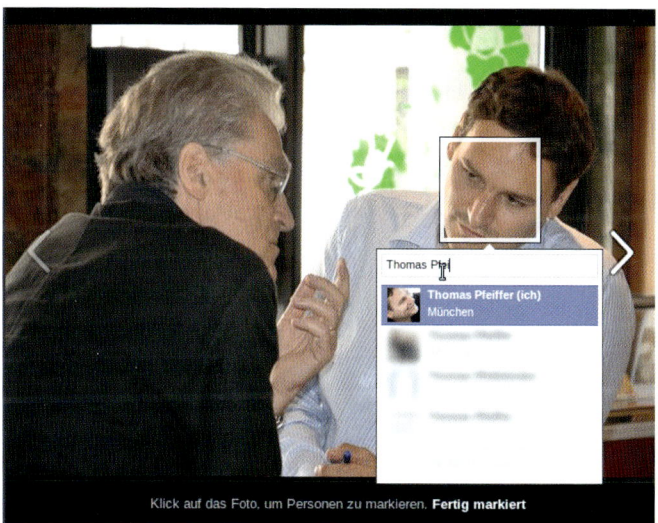

Abbildung 10: *Markierungen auf Fotos (sog. „Tagging") sind eine feine Sache – wenn man das mag und keine „falschen" Freunde damit Unsinn treiben. Ob man auf Fotos markiert werden kann oder nicht, kann man selbst festlegen.*

Kapitel 3 – Das fehlende Handbuch

> **TIPP:** Im Zweifel sollte man jede Markierung eigenhändig überprüfen, bevor sie veröffentlicht wird. Besonders dann, wenn man nicht täglich ins Internet geht und deshalb über neue Markierungen nicht zeitnah informiert werden kann.

Der nächste Punkt in den Privatsphäre-Einstellungen heißt MAXIMALE SICHTBARKEIT IN DER CHRONIK. Beantwortet wird hier die Frage, wer Beiträge von Dritten sehen kann, in denen man selbst markiert wurde.

Beispiel:

1. Petra schießt ein Foto von Peter
2. und lädt es in ihr Facebook-Profil hoch.
3. Anschließend markiert sie Peter auf dem Foto und
4. Peter überprüft die Markierung und gibt sie frei.

Wer soll nun dieses fremde Foto in **Peters Chronik** sehen? Hier hat man folgende Möglichkeiten:

♦ Alle,

♦ nur Freunde,

♦ nur Freunde und deren Freunde

♦ oder man wählt eine selbst definierte Freundesliste (siehe Kapitel 3.5) aus.

Achtung: Diese Einstellung gilt nur für die eigene Pinnwand (Chronik), in diesem Beispiel die von Peter. In Petras Chronik, die das Foto hochgeladen hat, ist das Bild in jedem Fall zu sehen.

Was andere mit mir anstellen können

> **TIPP:** Bei der Einsicht durch Dritte in die Chronik lohnt es sich, eher restriktiv vorzugehen, weil sie auch noch nach langer Zeit gut zugänglich bleibt. Was einem Jugendlichen mit 14 Jahren gerade noch verträglich erscheint, muss ein oder zwei Jahre nicht mehr gelten. Alte Bilder können durch Zufall oder gezielte Recherche von anderen wieder aktuell werden und dann nicht mehr dem Bild entsprechen, das man von sich selbst in der (Facebook-)Öffentlichkeit zeichnen möchte. Näheres dazu und wie Sie die Sichtbarkeit von älteren Beiträgen einschränken können, lernen Sie in Kapitel 3.11.

3.4.6 Gesichtserkennung auf Facebook

Der Begriff „Gesichtserkennung" wird von Facebook in den Privatsphäre-Einstellungen überhaupt nicht verwendet. Völlig unverdächtig spricht man von MARKIERUNGSVORSCHLÄGEN. Ein Schelm, wer Böses dabei denkt. Dabei ist die Funktion als Hilfestellung gedacht. Lädt man ein Foto auf Facebook hoch, auf dem Personen abgebildet sind, versucht Facebook, aus dem eigenen Freundeskreis Vorschläge zu unterbreiten, wer auf dem Foto zu sehen sein könnte. Das soll Tipparbeit ersparen, wenn man der Argumentation von Facebook folgt.

In den Einstellungen zur Privatsphäre hat man die Möglichkeit, sich selbst von solchen Markierungsvorschlägen auszunehmen. Wenn Freunde Fotos hochladen und die abgebildeten Personen markieren wollen, wird man dann nicht mehr automatisch vorgeschlagen, falls man auf einem Foto erkannt wird.

Sehr wohl können andere einen dennoch markieren, sie müssen dazu nur den Namen per Hand eintippen – was keine große Hürde darstellt. Ob man diese Markierungen durch Dritte immer zuerst überprüfen möchte oder ob sie automatisch freigeschaltet werden, kann man individuell einstellen.

Es ist nicht bekannt, ob Facebook biometrische Daten, wie sie zum automatischen Erkennen von Menschen notwendig sind, auch von denjenigen Nutzerinnen und Nutzern anlegt, die die automatische Gesichtserkennung abgeschaltet haben. Eindeutige Antworten auf ähnliche Frage blieb das Unternehmen bisher schuldig.

Kapitel 3 – Das fehlende Handbuch

Abbildung 11: *Facebook kann die Gesichter seiner Nutzer automatisch erkennen.*

> **HINWEIS:** Es werden nur Personen aus dem eigenen Freundeskreis vorgeschlagen. Mit dieser Funktion ist es also nicht möglich, Unbekannte auf Fotos zu identifizieren, die man vorher noch nie gesehen hat. Umgekehrt können Fremde einen selber also auch nicht identifizieren, wenn man keine Facebook-Freundschaft mit ihnen unterhält.

3.4.7   Wo bin ich?

Auf Facebook gibt es den Dienst „Orte" (engl. „places"). Mit diesem Service kann man bei jedem Status-Update und bei jedem Foto angeben, von wo aus man das Update gepostet hat oder wo ein Foto aufgenommen wurde. Und man kann auch – ganz ohne Kommentar – angeben, wo man sich gerade befindet. Gibt es einen konkreten Ort nicht in einer vorgefertigten Liste, legt man ihn einfach an. Es gibt Orte wie

- „Zu Hause auf der Couch",
- „Musikschule, Heimeranstraße" oder
- „München, Marienplatz".

So weit, so gut. Manchmal möchte man geradezu sagen, wo man ist, z.B. weil es ein gutes Konzert ist oder der langweilige Geburtstag der Tante und man auf Mitleid der eigenen Freunde hofft.

Was andere mit mir anstellen können

Abbildung 12: *Facebook speichert, wann man von welchem Ort aus gepostet oder Fotos auf Facebook hochgeladen hat.*

Es soll auch schon vorgekommen sein, dass sich Schüler für den Unterricht krank gemeldet haben und dann auf der nächsten Skipiste öffentlich für alle sichtbar eincheckten. In diesen Fällen ereilte den Schulschwänzer hoffentlich die gerechte Strafe. ;-)

Wer von sich selbst preisgibt, wo er oder sie sich gerade aufhält, kann für sich entscheiden, wer das sehen können soll und wer nicht (siehe Kapitel 3.5). Problematisch wird die Eincheck-Funktion von Facebook erst, weil es auch die Möglichkeit gibt, andere am selben Ort einzuchecken, an dem man sich befindet. Zum Beispiel checkt Petra im „Jugendzentrum Kreillerstraße" ein und markiert Peter gleich mit, sie sagt also etwas über jemand anderen aus.

Kapitel 3 – Das fehlende Handbuch

Die Erlaubnis, dass andere angeben, wo man sich befindet, kann man grundsätzlich allen Freunden erteilen oder allen entziehen, eine genauere Definition, wer das – außer man selbst – tun darf und wer nicht, ist nicht möglich: entweder alle Freunde oder nur man selbst.

Wenn andere einen an einem Ort einchecken, wird man darüber informiert, wenn man möchte, auch per E-Mail. Voraussetzung, dass andere einen einchecken können, sollte also sein, dass man mindestens täglich ins Internet geht und gegebenenfalls nachjustieren kann: Bei unverbesserlichen Spaßvögeln muss man entweder die Freundschaft kündigen oder das Einchecken durch andere grundsätzlich unterbinden.

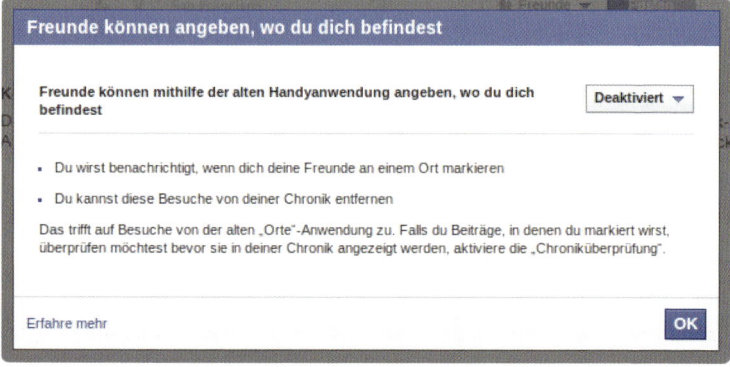

Abbildung 13: *Man kann selbst bestimmen, ob Freunde angeben können, wo man sich befindet, oder ob man das ausschließlich selbst tun darf.*

3.5 Mit Freundeslisten die eigene Privatsphäre selbst definieren

Facebook hatte lange das Problem, dass es das reale Leben der Menschen in einem zentralen Punkt nur bedingt abbilden konnte: Im echten Leben unterhält man verschiedene Freundeskreise, z.B. die Jungs vom Fußball, die eigene Klasse, die Nachbarskinder und die eigene Verwandtschaft, darunter auch die Eltern und Großeltern. Je nachdem, mit wem man gerade spricht, verhält man sich

Freundeslisten

unter Umständen sehr verschieden. An dem einen Ort ist man der brave Sohn, während man beim Fußball der wilde Stürmer ist, der sich auslebt und dabei mitunter auch aggressiv spielt; wohingegen das gleiche Kind in der Schule bei Lehrer Lempel brav seine Hausaufgaben macht. Auch im Erwachsenenalter nehmen wir verschiedene Rollen ein, als fürsorglichen Vater würde man vielleicht Abteilungsleiter Müller nicht wiedererkennen, dennoch ist das dieselbe Person, allerdings in verschiedenen Rollen.

Hier kommen wir zu einem wesentlichen Punkt bei Facebook, den wir später noch genauer beleuchten werden, nämlich die Frage nach den Party-Fotos in Zusammenhang mit Jobbewerbungen. Dazu später in Kapitel 4.4 mehr.

Zurück zu den Freundeslisten: Bei Facebook kann man unterschiedliche Freundeslisten anlegen, also z.B. die Listen

- „Enge Freunde",
- „Klassenkameraden",
- „Erwachsene"
- und so weiter.

All diese Listen kann man gesondert bedienen, also z.B. den „Erwachsenen" manche Fotos vorenthalten und nur „engen Freunden" in einer Statusmeldung mitteilen, was man gerade denkt.

3.5.1   Welche Listen sind sinnvoll?

Die Freundeslisten von Facebook sind ein sehr mächtiges Werkzeug. Das klingt zwar ganz gut, bedeutet in Wahrheit aber auch, dass es mitunter ziemlich kompliziert sein kann, die Freundeslisten richtig zu pflegen und dass man sich „im Eifer des Gefechts", wenn man mal eben schnell eine Statusmeldung postet, vertut und den falschen Leuten von seinen Party-Eskapaden berichtet.

Dabei hilft es natürlich, wenn man sich in Ruhe Gedanken macht, welche Freundeslisten man haben möchte. Die Freundeslisten auf Facebook müssen nicht mit den Freundeskreisen im richtigen Leben übereinstimmen. Man sollte sich vielmehr überlegen, wel-

Kapitel 3 – Das fehlende Handbuch

che Informationen man mit welcher Gruppe von Menschen teilen möchte. Dabei gilt, je weniger Listen man hat, desto leichter tut man sich, den Überblick zu behalten.

Die drei Listen

- Enge Freunde,
- Bekannte und
- Eingeschränkt

kann man nicht verändern, d.h., man kann sie nicht löschen und auch deren Namen nicht verändern, sie sind von Facebook fest vorgegeben.

> **HINWEIS:** Andere Menschen auf Facebook können nicht sehen, auf welche der eigenen Listen man sie einsortiert hat. Sie können also in aller Ruhe „enge Freunde" und „Bekannte" in die entsprechenden Freundeslisten einsortieren.

„Enge Freunde" und „Bekannte" sind selbst erklärende Listennamen, es ist ziemlich offensichtlich, welche Namen man auf diese Listen setzen sollte. Wer auf der Liste „Enge Freunde" steht, erscheint automatisch häufiger im Newsstream auf der eigenen Startseite, Bekannte dagegen weniger.

Die Liste „Eingeschränkt" ist eine wichtige Liste, möchte man die eigene Privatsphäre auf Facebook selbst detailliert bestimmen und im Griff behalten. Wer hier drauf steht, sieht nur die Informationen, die allgemein öffentlich zugänglich sind. Das heißt, obwohl beide „Freunde" im Sinne von Facebook sind und die beiden untereinander auf Facebook in Verbindung stehen, hat der andere dennoch nur Zugang zu eingeschränkten Informationen.

In diese Liste könnte man beispielsweise Lehrerinnen und Lehrer eintragen oder Menschen, die man zwar nicht entfreunden möchte, die aber dennoch nicht am eigenen Leben auf Facebook teilhaben sollen. Der nächste Schritt nach der Liste „Eingeschränkt" ist nur noch das Beenden der Facebook-Freundschaft.

Freundeslisten

> **TIPP:** Auf die vorgefertigte Liste EINGESCHRÄNKT sollten alle Facebook-Freunde kommen, die man nicht zum engeren, eigenen realen Freundeskreis zählt. Diese bleiben zwar Facebook-Kontakte, können aber nur wenige, allgemein öffentlich zugängliche Informationen von einem sehen.

Mit den drei vorgefertigten Listen von Facebook lässt sich das eigene Außenbild schon ganz gut darstellen bzw. bestimmen, wer was von einem selber sehen soll. Man kann diese Liste noch erweitern um z.B. den Fußball-Verein, die Ministrantenschar oder die eigene Klasse, so dass man immer noch eine überschaubare Anzahl von weniger als ca. sieben Listen verwaltet:

♦ Enge Freunde

♦ Bekannte

♦ Erwachsene

♦ meine Schulklasse

♦ Fussballverein „FC Wertheim"

♦ Eingeschränkt

Wenn es mehr Listen werden, verliert man schnell den Überblick. Dann helfen Listen nicht mehr, selbst zu bestimmen, wer was von einem auf Facebook sehen kann, und aus lauter Verwirrung können zu viele Listen mehr Schaden anrichten als nützen.

> **TIPP:** Überlegen Sie gemeinsam mit Ihrem Kind, welche Freundeslisten sinnvoll sein könnten und welche Namen auf der Liste „Eingeschränkt" stehen sollten. Mehr als vier bis fünf Listen sollten es nicht sein.
>
> Gehen Sie anschließend alle eigenen Kontakte durch und ordnen Sie sie einer oder mehreren Listen zu.

Kapitel 3 – Das fehlende Handbuch

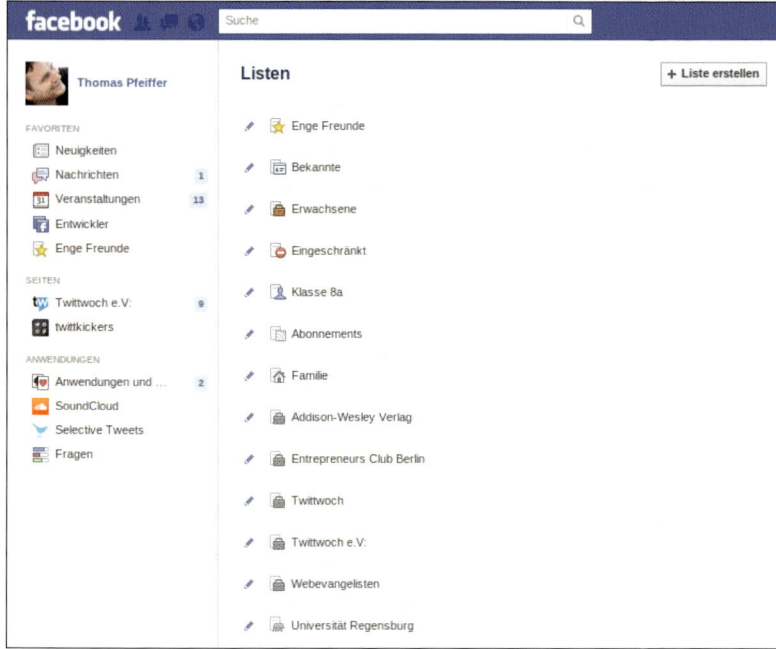

Abbildung 14: *Facebook legt automatisch Freundeslisten an, wenn man z.B. befreundet ist und die gleiche Schule angegeben hat. Um den Überblick zu behalten, kann man diese Listen archivieren, sie erscheinen dann ausgegraut.*

Freundeslisten wirken sich auf Statusmeldungen und auf Fotos aus, die man auf Facebook hochlädt, d.h., man kann für jede einzelne Statusmeldung und jedes einzelne Foto oder Fotoalbum angeben, welche Freundesliste einen Inhalt sehen können soll und welche nicht. Damit kann man Party-Fotos vor Lehrern verbergen und Neuigkeiten aus der eigenen Klasse vor Schülern der Parallelklasse verbergen.

3.5.2   Mit Listen Statusmeldungen vor Fremden verbergen

Listen auf Facebook anzulegen, ist kein Selbstzweck. In unserem Alltag entscheiden wir intuitiv, was wir wem in welcher Situation sagen, und in den meisten Fällen täuscht uns unsere Intuition auch nicht – und falls doch, schämen wir uns sofort für jeden Fauxpas.

Freundeslisten

Die Freundeslisten auf Facebook sollen im Internet abbilden, was wir auch offline tun: zu unterschiedlichen Menschen unterschiedliche Dinge sagen und unterschiedlich viel von uns preisgeben. Auf Facebook kann man jede Statusmeldung und jedes Foto und Fotoalbum nur einem definierten Personenkreis, ein sogenanntes Publikum, zugänglich machen. Fotos von der letzten Party sollen nur „Enge Freunde" sehen, die Freude über die Note Zwei in der letzten Mathematik-Prüfung können gerne alle (FREUNDE VON FREUNDEN) sehen und dass man sich über die Geburtstagswünsche freut, dürfen „Bekannte" sehen.

Man kann bei jedem einzelnen Posting festlegen, wer es zu Gesicht bekommen soll.

Abbildung 15:
Für jede Meldung auf Facebook kann man mit zwei Klicks festlegen, wer sie lesen können soll.

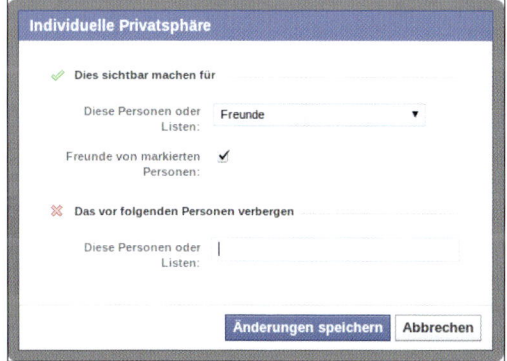

Abbildung 16: *Statusmeldungen und Fotos können auch vor bestimmten Personen oder Personengruppen („Freundeslisten") verborgen werden. Damit hat man großen Einfluss darauf, wie andere einen selbst sehen.*

Kapitel 3 – Das fehlende Handbuch

Es ist nicht immer einfach zu entscheiden, wer etwas sehen soll. Manchmal ist es leichter festzulegen, wer etwas *nicht* sehen soll. Klickt man vor dem Posten einer Statusmeldung auf BENUTZER-DEFINIERT, kann man angeben, wer eine Meldung *nicht* zu Gesicht bekommen soll. In vielen Fällen mag das die wichtigere Einstellung sein, um seine Privatsphäre zu definieren und festzulegen, wem man etwas nicht mitteilen möchte.

3.5.3 Fotos vor manchen Freunden verbergen

Man kann nicht nur Statusmeldungen vor bestimmten Personengruppen verbergen, sondern auch Fotos und Videos. Das gilt für ganze Fotoalben, aber auch für einzelne Fotos auf der Pinnwand. So ist es beispielsweise denkbar, dass man ein Fotoalbum „Geburtstagsfeier" anlegt und das nur für die Gruppe „Bekannte" zugänglich macht. Bei Fotos von privaten Feiern lohnt es sich oftmals, das Publikum einzuschränken, damit es nicht zu unerwünschten Reaktionen der Eltern, anderer Erwachsener oder anderer Jugendlicher kommt.

Abbildung 17: *Einzelne Bilder auf der Pinnwand und ganze Fotoalben lassen sich vor bestimmten Freundeslisten verbergen.*

Freundeslisten

3.5.4 Übung: Welcher Inhalt für welche Zielgruppe

Wir stellen Ihnen eine Übung vor, mit deren Hilfe Sie mit Ihrem Kind ins Gespräch kommen können. Anhand von Beispielfotografien, die alle so im Original im Internet öffentlich zugänglich sind, können Sie mit Ihrem Kind der Frage nachgehen, welche Fotos noch „okay" sind und welche bereits den Rubikon der Privatsphäre überschreiten.

Bei jedem Bild stellt sich die Frage, sollte man es in Facebook einstellen und falls ja, wer sollte es sehen können und vor wem sollte es verborgen werden. Nutzen Sie diese Fotos, um mit Ihrem Kind ins Gespräch zu kommen:

♦ Welche Fotos sind grenzwertig, welche sollte man noch nicht einmal knipsen, geschweige denn ins Internet stellen?

♦ Warum tut man das und wie fühlt sich wohl die abgebildete Person?

Die Leitfrage für das Gespräch mit Ihrem Kind lautet also: Würdest Du solch ein Foto auf Facebook hochladen und wenn ja, wer könnte das alles sehen?

Abbildung 18
© *Fotolia*

Kapitel 3 – Das fehlende Handbuch

Abbildung 19
© Fotolia

Abbildung 20
© Shutterstock

Abbildung 21
© Shutterstock

Abbildung 22
© Fotolia

Der Umgang mit Einladungen

3.6 Umgang mit Einladungen und wie eine Geburtstagsparty privat bleibt

Was ist eine Facebook-Party? Auf Facebook können Nutzer Veranstaltungen anlegen und andere dazu einladen. Als Facebook-Party werden ganz normale Feiern bezeichnet, zu denen man – aus Versehen oder willentlich – im großen Stil über Facebook eingeladen hat und zu der viele unbekannte und fremde Gäste erscheinen.

Veranstaltungen auf Facebook sind eine schöne Sache, wer wird nicht gerne zu einer Party eingeladen? Zu richtig guten Partys wird man wahrscheinlich nicht nur über Facebook eingeladen, sie sind im Freundeskreis schon Wochen vorher das große Thema und alle fiebern darauf hin. Eine förmliche Einladung via Facebook ist dann meist nur noch Formsache.

Abbildung 23: *Partyeinladungen auf Facebook kann man öffentlich, nur für Freunde oder nur für eingeladene Gäste ausschreiben. Privatfeiern sollte man niemals öffentlich ausschreiben.*

Damit man nicht von zu vielen ungebetenen Gästen überrascht wird, sollte man bei der Einladung unbedingt darauf achten, dass nur eingeladene Gäste an einer auf Facebook verbreiteten Veranstaltung teilnehmen und auch Freunde keine weiteren Freunde via Facebook einladen dürfen. Im Screenshot ist dargestellt, wie das geht: Beim Anlegen einer Facebook-Veranstaltung muss man unter PRIVATSPHÄRE auf NUR EINGELADENE GÄSTE klicken, um nicht aus Verse-

79

Kapitel 3 – Das fehlende Handbuch

hen den 16. Geburtstag öffentlich mit Hunderten anderen feiern zu müssen. Das war die eine Seite der Veranstaltungsmedaille: worauf man achten muss, wenn man selber zu einer Veranstaltung einlädt.

Sehen wir uns nun an, wie Sie sich vor zu vielen lästigen Einladungen auf Facebook schützen können.

Wie kann man sich vor zu vielen, manchmal sinnlosen Einladungen via Facebook schützen? Da wird zu einer Veranstaltung „Ostern" ebenso eingeladen wie zu Veranstaltungen mit Namen „Endlich Sommer – der Regen wird wärmer".

Aber wie sieht es mit solchen Einladungen aus, die einem unangenehm sind, mit Einladungen, die man nicht wahrnehmen möchte, aber auch – z.B. aus Höflichkeit – nicht einfach so absagen kann? Wenn man eine Einladung bekommt, hat man zunächst einmal vier Möglichkeiten, zu reagieren:

1. Man kann die Einladung annehmen.
2. Man kann sie ablehnen.
3. Man kann mit „Vielleicht" antworten.
4. Oder man reagiert gar nicht.

Je nach Einzelfall kann eine der vier Möglichkeiten die richtige sein.

> **TIPP:** Es kann manchmal angebracht sein, ein Facebook-Event zu ignorieren, obwohl man vorhat, daran teilzunehmen. Und zwar dann, wenn man es weder in seiner Chronik noch seinem Freundeskreis mitteilen möchte, dass man zu dieser Party geht.
>
> Mit anderen Worten, was man außerhalb von Facebook tut, muss man nicht immer und automatisch auf Facebook anderen mitteilen.

Sobald man zu einer Veranstaltung eingeladen wurde, erscheint man auf der Veranstaltungsseite in der Kategorie Eingeladene Personen und es ist somit für alle sichtbar, dass man eingeladen

Der Umgang mit Einladungen

wurde. Wenn es einem peinlich ist, dass man zum 70. Geburtstag von Tante Trude eingeladen wurde, kann man auf der Seite der Veranstaltung neben dem eigenen Namen auf das X-Symbol klicken, um den eigenen Namen von der Liste zu entfernen. Auf die gleiche Art und Weise kann man bei bereits zugesagten Events die eigene Zusage wieder zurückziehen.

Abbildung 24:
Auch bereits zugesagte Events kann man wieder verlassen. Dazu einfach auf der Veranstaltungsseite neben dem eigenen Namen auf das Kreuzchen klicken.

Es gibt Leute auf Facebook, die laden sehr gerne zu Veranstaltungen ein, nicht nur zu ihren eigenen, sondern auch zu Veranstaltungen von anderen. „Sommer in München" wird manchmal als Veranstaltung angegeben oder „Weiße Weihnachten". Es gibt Leute, die möchte man nicht entfreunden, aber deren Humor in Bezug auf Veranstaltungen teilt man nicht – und zwar schon seit langem. Facebook bietet dazu die Möglichkeit, Einladungen von besonders penetranten Einladern zu ignorieren, das heißt, man bleibt in Zukunft vor deren Einladungen verschont. Das muss man für jede Person einzeln einstellen, und zwar wie folgt:

1. Zunächst geht man auf die Übersichtsseite der eigenen Events unter *www.facebook.com/events/*.
2. Dort klickt man beim entsprechenden Event auf „Absagen" und anschließend
3. kann man auf dem „Einfahrt verboten"-Symbol die Einladungen dieser Person dauerhaft blockieren.

Der blockierte Freund wird darüber nicht informiert.

Abbildung 25: *Einladungen von bestimmten Personen kann man dauerhaft ignorieren.*

Kapitel 3 – Das fehlende Handbuch

Solche Blockierungen kann man auch wieder rückgängig machen. Dazu geht man in den Privatsphäre-Einstellungen auf BLOCKIERTE PERSONEN UND ANWENDUNGEN. Dort kann man die Blockierung für jede einzelne blockierte Person wieder rückgängig machen und sich wieder zu „Weiße Weihnachten 2012" einladen lassen.

3.7 Die öffentliche Suche – wie man auf Google (nicht) gefunden wird

Wenn man in Deutschland von „öffentlicher Suche" spricht, meint man in neun von zehn Fällen nichts anderes als Google. Der Suchmaschinenbetreiber ist der Platzhirsch in der deutschsprachigen Internetsuche. Hier geht es um die Frage, was Google von einem persönlichen Profil auf Facebook wissen sollte oder nicht.

Ob Google oder sein Konkurrent Bing (*www.bing.de*) das eigene Facebook-Profil bereits kennen und in den Suchergebnissen anzeigen, lässt sich dort durch eine einfache Suche leicht überprüfen. Geben Sie dazu einfach Ihren Namen und den Begriff „facebook" in die Suchmaske ein, mit anderen Worten: Suchen Sie zum Beispiel nach *thomas pfeiffer facebook*. Ist ein Facebook-Profil öffentlich zugänglich, erscheint es auch in der Ergebnisliste.

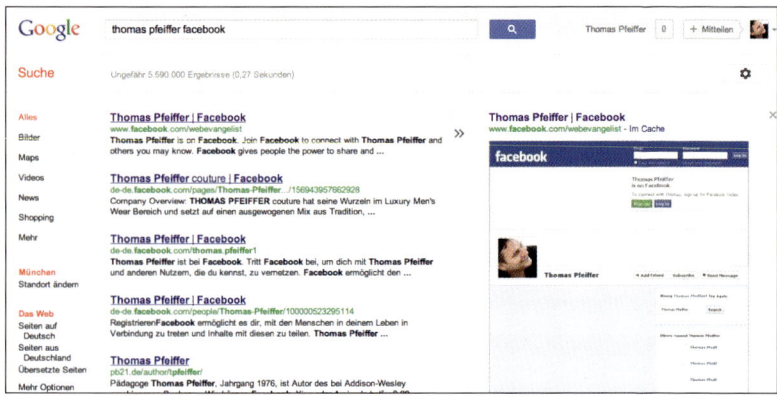

Abbildung 26: *Das Facebook-Profil von Thomas Pfeiffer ist auch über Google zu finden. Dies kann man in den Privatsphäre-Einstellungen aber ändern, wenn man das nicht möchte.*

Sich nicht vom Chat aus der Ruhe bringen lassen

> **TIPP:** Haben Sie einen Namen, der häufig vorkommt, „Harald Schmidt" zum Beispiel, können Sie mit besonderen Suchanfragen die Suche auf Google genauer eingrenzen. Wenn Sie nach „intitle:(thomas pfeiffer) site:facebook.com" suchen, liefert Google nur Treffer von der Seite („site") facebook.com und im Titel der Seite muss die komplette Zeichenkette „thomas pfeiffer" vorkommen. Die Klammer sorgt dafür, dass nicht nur „thomas" (gefolgt von einem Leerzeichen) gemeint ist, sondern beide Begriffe zusammenhängend gesucht werden.

Zu den auch für Suchmaschinen zugänglichen Informationen gehören mindestens der angegebene Name, das Profilbild, das Titelbild und die angegebenen Webseiten unter der Überschrift KONTAKT INFO.

Möchte man über öffentliche Suchmaschinen nicht auffindbar sein, kann man die Erlaubnis dazu entziehen, indem man unter PRIVATSPHÄRE-EINSTELLUNGEN → ANWENDUNGEN UND WEBSEITEN → ÖFFENTLICHE SUCHE das Häkchen bei ÖFFENTLICHE SUCHE AKTIVIEREN entfernt. An dieser Stelle gibt es auch eine Vorschau, die zeigt, was Suchmaschinen wie Google oder Bing von einem Facebook-Profil sehen würden.

3.8 Sich nicht vom Chat aus der Ruhe bringen lassen

Facebook kann ein wahrer Aufmerksamkeitskiller sein. Wenn man Zeit dazu hat, ist es schön, wenn andere einen anchatten. Nicht aber, wenn man in Ruhe die Fotos der Freundin ansehen will. Dann kann es sehr nervig sein, wenn andere wissen, dass man gerade bei Facebook online ist, und einen mit Anfragen nur stören.

Bei Facebook hat man mehrere Möglichkeiten, wie man sich vor unerwünschten Anchat-Versuchen schützen kann. Zum einen kann man grundsätzlich „offline gehen", das bedeutet, man kann ganz normal weiter auf Facebook surfen, aber niemand sieht, dass man gerade hier ist. Wenn man also komplett in Ruhe gelassen werden will, ist das die beste Möglichkeit. Klicken Sie dazu einfach auf das Zahnrad im Chat-Fenster und wählen Sie OFFLINE GEHEN aus. Diese

Kapitel 3 – Das fehlende Handbuch

Einstellung bleibt so lange bestehen, bis man sie wieder aktiv verändert, das heißt auch nach dem Ab- und wieder Anmelden bei Facebook bleibt der Offline-Modus erhalten.

Abbildung 27:
Man kann Facebook auch im „Offline-Modus" nutzen. Niemand erkennt dann, ob man gerade auf Facebook ist oder nicht.

Manchmal möchte man zwar für einen kurzen Chat zur Verfügung stehen, nicht aber ausgerechnet für Paula aus der Parallelklasse. Wenn man nur einer einzigen Person auf Facebook aus dem Weg gehen will, kann man auch nur für diese Person als „offline" angezeigt werden. Dazu öffnet man zunächst ein Chat-Fenster zu dieser Person und klickt rechts oben auf das Zahnrad-Symbol. Dort kann man dann einstellen „Für Paula offline gehen" und schon ist man für alle sichtbar – außer für Paula.

Abbildung 28:
Geteilter Freundeskreis: Während die eine Hälfte sieht, dass man online ist, kann man sich vor anderen verstecken.

Nutzt man die erweiterten Chat-Einstellungen, kann man mehrere Freunde auf einmal angeben oder sogar komplette Listen (siehe Kapitel 3.5) von einem Chat ausschließen oder – umgekehrt – alle ausschließen außer die Kontakte aus der Liste „Enge Freunde". Dann weiß niemand, dass man gerade auf Facebook ist, außer der Handvoll richtig guter Freunde.

Abonnements für Statusmeldungen kündigen

3.9 Jetzt ist Ruhe – Abonnements für Statusmeldungen kündigen

Es gibt sie auch auf Facebook – Menschen, mit denen man zwar befreundet ist oder „sein muss", für deren Nachrichten und Kommentare man sich aber wenig begeistern kann. Man muss diese Kontakte nicht gleich „entfreunden", um diesen Nutzern aus dem Weg zu gehen und nicht von ihnen belästigt zu werden. Es gibt eine sanftere Alternative: Man kann Statusmeldungen von Freunden verbergen. Dabei kann man wählen, ob in Zukunft

♦ alle Statusmeldungen („Aktualisierungen"),

♦ die meisten oder

♦ nur wichtige Status-Updates angezeigt werden sollen.

Das ist eine elegante Möglichkeit, von einer Person nicht zu viel Meldungen lesen zu müssen, ohne den betreffenden Nutzer gleich zu entfreunden oder gar zu blockieren. Wenn man den betreffenden „Freund" auch noch auf die Freundesliste „Eingeschränkt" setzt, bekommt auch er oder sie umgekehrt fast nichts mehr von einem selber mit. Freundeslisten werden in Kapitel 3.5 genauer beschrieben und wie Sie jemanden „entfreunden" erfahren Sie in Kapitel 4.5.

Abbildung 29: *Was man von seinen Facebook-Kontakten im eigenen Newsstream sieht, kann man individuell einstellen.*

85

Kapitel 3 – Das fehlende Handbuch

3.10 Spiele und Anwendungen von Drittanbietern

Facebook ist eine Plattform, auf der auch Drittanbieter sich mit eigenen Spielen und Gewinnspielen einklinken können, um so den Funktionsumfang von Facebook deutlich zu erweitern. Hunderttausende Programmierer machen das weltweit, die bekanntesten Beispiele sind Spiele wie *Farmville* oder *Mafia Wars* und Gewinnspiele von großen und kleinen Marken wie Brauseherstellern oder Pommesbuden.

Abbildung 30: *Farmville ist das bekannteste Spiel auf Facebook. Hier muss man den virtuellen Garten von Facebook-Freunden „beackern".*

Facebook ist dabei nur eine Brücke zwischen dem Anbieter eines Spiels (Facebook fasst Spiele, Gewinnspiele etc. unter dem Begriff „Anwendungen" zusammen) und dem Nutzer. Wenn ein Nutzer ein solches Spiel (= eine Anwendung) bei sich in Facebook installiert, erlaubt er dadurch unter Umständen den Zugriff auf seine eigenen bei Facebook hinterlegten Daten. So kann ein Drittanbieter unter Umständen persönliche Informationen wie z.B. das Geburtsdatum und die E-Mail-Adresse erhalten oder die Möglichkeit bekommen, im Namen des Nutzers auf dessen Pinnwand zu posten.

Für einen Geburtstagskalender ist es natürlich wichtig, auf den eigenen Geburtstag zugreifen zu dürfen, für ein einfaches Gewinnspiel ohne Altersbeschränkung hingegen nicht. Gewinnspiele werden auch dafür benutzt, Daten von Nutzern zu sammeln, um sie hinterher für Marketing und PR verwenden zu können – nicht

Spiele und Anwendungen von Drittanbietern

nur auf Facebook. Kennt man den Namen und das Geburtsdatum einer Person, ist sie relativ sicher zu identifizieren. Auch wenn es viele Peter Müllers gibt, so ist wahrscheinlich nur einer von ihnen am 14. September 1994 geboren. Und durch die Verbindung des Geburtsdatums mit einem Namen können verschiedene Datenbestände aus unterschiedlichen Quellen (also nicht nur aus Facebook) zusammengeführt und ausgewertet werden.

Man muss sich deshalb bei der Verwendung einer App (=Applikation, zu Deutsch: Anwendung) auf Facebook immer fragen: *Ist der Anbieter der App vertrauenswürdig?*

> **TIPP:** Anwendungen werden nicht von Facebook erstellt und auch nicht inhaltlich überprüft. Um eine eigene Facebook-Anwendung zu erstellen, genügen einfache Programmierkenntnisse und eine schnelle Anmeldung bei Facebook, was es Trickdieben einfach macht. Bei der Installation einer Anwendung wird man gefragt, auf welche Daten die Anwendung zugreifen und was die Anwendung im Namen des Nutzers tun darf. Diese Berechtigungen sollten Sie sich genau ansehen und gegebenenfalls nicht erteilen.

In vielen Fällen kennt man den Anbieter nicht und kann nicht sicher entscheiden, ob die eigenen Daten dort sicher aufbewahrt werden und nicht z.B. für Werbung missbraucht werden. Deshalb ist es wichtig, genau darauf zu achten, auf welche Daten diese Applikation zugreifen darf.

> **TIPP:** Eine Facebook-App muss nicht deshalb vertrauenswürdig sein, weil viele eigene Freunde sie benutzen. Damit werben Applikationen zwar, aber es lohnt sich immer, sich eine eigene Meinung zu bilden.

Ganz zu Beginn, bei der Installation einer App, muss man angeben, welche Informationen das Spiel oder die App einsehen darf: also z.B. das Geburtsdatum, die E-Mail-Adresse oder die religiöse

Kapitel 3 – Das fehlende Handbuch

Einstellung, die man auf Facebook angegeben hat. Stutzig werden sollte man, wenn die eigene E-Mail-Adresse abgefragt werden soll, ohne dass es dafür einen plausiblen Grund gibt. Das Gleiche gilt für Daten, die mit dem eigentlichen Zweck der App nichts zu tun haben.

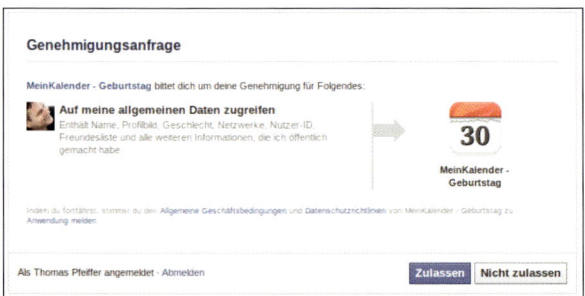

Abbildung 31: *Bei der Installation einer Applikation wird man gleich zu Beginn gefragt, auf welche Daten eine App zugreifen darf.*

Abbildung 32: *Wenn man hier auf „Zulassen" klickt, darf man sich auf E-Mails des Anbieters gefasst machen.*

Man kann die Rechte, die man einer App einmal eingeräumt hat, auch nachträglich wieder einzeln oder komplett entziehen. Dazu geht man in die Privatsphäre-Einstellungen → Anwendungen und Webseiten → Anwendungen, die du verwendest. Hier kann man die Einstellungen zu jeder App einzeln bearbeiten. Man kann festlegen, auf welche Daten die App zugreifen darf oder ob sie weiterhin im Namen des Nutzers Pinnwandeinträge verfassen darf oder nicht. Daten, die vorher freigegeben waren, können dann allerdings schon vom Anbieter der App kopiert worden sein.

Beiträge aus der Chronik entfernen

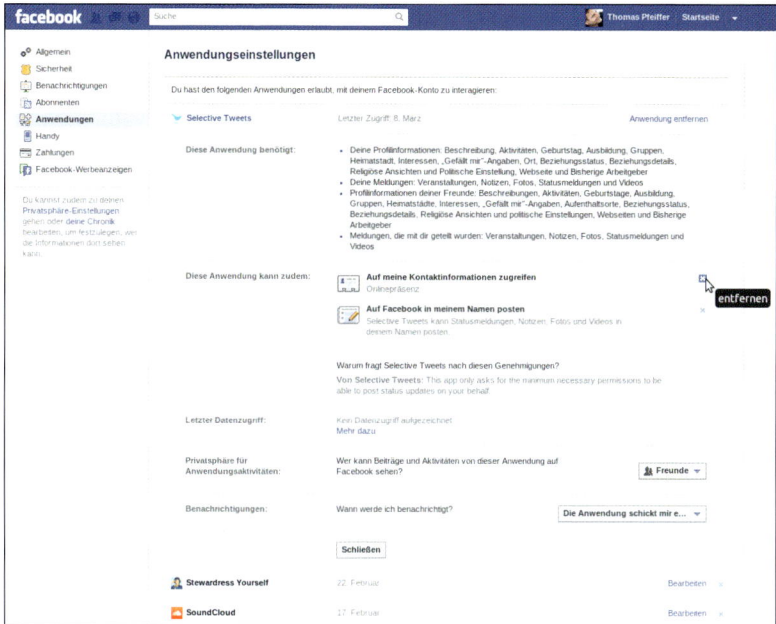

Abbildung 33: *In den Anwendungseinstellungen erhält man einen Überblick über die installierten Spiele und Apps und wann man sie das letzte Mal benutzt hat.*

> **TIPP:** Es lohnt sich, hin und wieder in die App-Einstellungen zu schauen und „alte" Apps zu entfernen. So behält man den Überblick, welcher App-Anbieter noch Zugang zum eigenen Profil hat.

3.11 Beiträge aus der Chronik entfernen

Die Chronik ist eine Art tabellarischer Lebenslauf auf Facebook. Jedes Posting, jede fremde Erwähnung, jedes Foto und jeder Orts-Check-In ist hierauf vermerkt und unter Umständen auch für Fremde sichtbar.

Dabei ist es relativ einfach, einzelne Einträge aus der Chronik zu löschen, wie der nebenstehende Screenshot zeigt. Das einzige

89

Kapitel 3 – Das fehlende Handbuch

Problem: Wenn man bereits viele Beiträge auf Facebook verfasst hat, kann das Kontrollieren und gegebenenfalls das Löschen eine sehr langwierige Aufgabe werden.

> **TIPP:** Das „Aufräumen" der Chronik kann auch eine gute Gelegenheit sein, sich zu fragen, was man überhaupt mit wem auf Facebook teilen will.

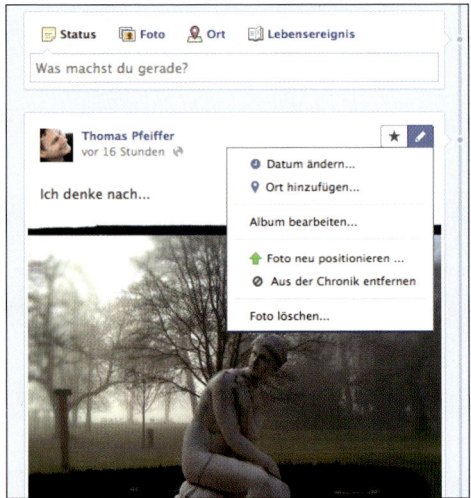

Abbildung 34: *Mit nur zwei Klicks kann man jeden einzelnen Eintrag aus der Timeline löschen.*

Sie können auch auf einen Schlag **alle** älteren eigenen Beiträge nur für eigene Freunde zugänglich machen. Das kann hilfreich sein, wenn Sie nicht jeden einzelnen Beitrag von sich aus der Vergangenheit daraufhin überprüfen wollen, ob Sie ihn heute noch so stehen lassen wollen oder nicht.

Gehen Sie dazu auf Konto → Privatsphäre-Einstellungen → Beschränke das Publikum für ältere Beiträge → Sichtbarkeit älterer Beiträge verwalten. Wichtig: Sie können diese Einstellung nicht mit einem Klick wieder rückgängig machen, das geht dann nur für jeden einzelnen Beitrag gesondert.

Werbung auf Facebook

3.12 Werbung auf Facebook

Die Firma Facebook verdient damit Geld, dass die Website intensiv genutzt wird und die Daten, die die Nutzer freigeben, möglichst vielfältig und echt sind. Dadurch steigt der Preis der Anzeigen, die jedem Nutzer und jeder Nutzerin eingeblendet werden. Stellt man in einer deutschen Großstadt ein fünf mal drei Meter großes Plakat auf, sehen das Zehntausende von Menschen, beispielsweise in Berlin am Potsdamer Platz. Allerdings ist der Streuverlust hier relativ hoch, wenn es sich um ein Produkt handelt, das nur für bestimmte Gruppen von Personen von Bedeutung ist, wie z.B. Kinderwagen (nur für frisch gebackene Eltern), Kletterseile (nur für Bergsteiger) oder Konferenztickets (nur für Branchenmitglieder).

Hier setzt Facebook mit seiner Werbevermarktung an: Der Werbetreibende kann ganz genau definieren, wer die eigene Anzeige sehen soll: Jugendliche zwischen 13 und 16 Jahren aus München und 80 Kilometer Umkreis, die als Hobbys Autos und Technik angegeben haben, können z.B. zu einer Jugendvorführung im Deutschen Museum per Anzeige eingeladen werden. (Dies ist ein fiktives Beispiel!) Ebenso kann man nur Menschen mit Werbung „beglücken", die männlich und unter 40 Jahre alt sind, sich für Tanzen interessieren und als Beziehungsstatus „Single" angegeben haben.

Unter *www.facebook.com/ads/create/* können Sie eigene Werbeanzeigen erstellen bzw. so tun als ob. Sie müssen dazu keine Kreditkarte angeben oder sich sonstwie identifizieren. Probieren Sie unterschiedliche Zielgruppen aus und werfen Sie einen Blick auf die verschiedenen Interessen, mit denen Sie Ihre „Zielgruppe" eingrenzen können. Auf dieser Seite sehen Sie auch die von Facebook geschätzte Reichweite, also wie viele Menschen Sie mit Ihrer Anzeige erreichen könnten.

Eingeblendet werden die Werbeanzeigen unter der Überschrift „Gesponsert" am rechten Bildschirmrand der Facebook-Webseite.

Kapitel 3 – Das fehlende Handbuch

TIPP: Gönnen Sie sich den Spaß und spielen Sie gemeinsam mit Ihrem Kind mit den Zielgruppen von Werbeanzeigen auf Facebook herum. Sie werden erstaunt – gegebenenfalls auch erschrocken – sein, wie genau Facebook Zielgruppen fassen kann.

Fragen Sie Ihr Kind, zu welchen Zielgruppeneinstellungen es sich zugehörig fühlt und welche Werbeanzeigen aktuell in seinem Facebook-Profil eingeblendet werden und womit das zusammenhängen könnte.

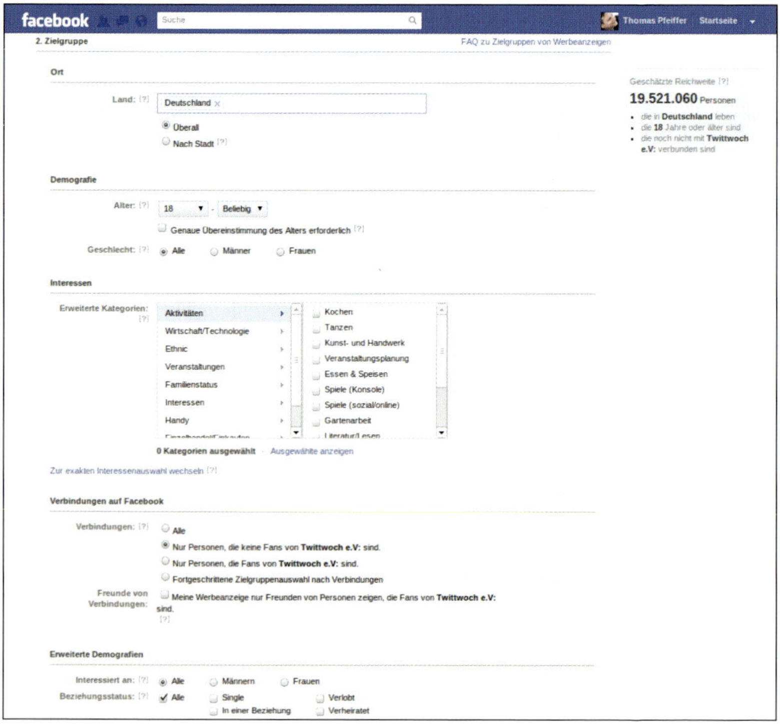

Abbildung 35: *Sehen Sie sich gemeinsam mit Ihrem Kind mögliche Zielgruppen auf Facebook an. Das ist eine gute Übung, um ein besseres Verständnis davon zu erlangen, was Facebook über einen selbst weiß.*

Werbung auf Facebook

Die Konfliktlinie verläuft beim Thema Werbung auf Facebook entlang der Frage, wie manipulativ es ist, passende Werbung einzublenden, und welche persönlichen Informationen man dafür verarbeiten darf. Beim Bäcker freut man sich vielleicht, wenn der Verkäufer sagt: „Ihnen schmeckt doch Laugengebäck. Probieren Sie doch mal unser neues Laugen-Croissant." Allerdings hat Facebook so wenig mit dem Bäcker um die Ecke zu tun wie ein Fahrrad mit einem Flugzeug.

Aus Sicht von Eltern und Pädagogen ist es wichtig, Kinder und Jugendliche für die Wirkungsmächtigkeit von Werbung zu sensibilisieren und ihnen aufzuzeigen, wie Werbung häufig Wünsche und Sehnsüchte erst erzeugt, die das beworbene Produkt anschließend zu stillen verspricht. In Sachen Werbung und Manipulation stellt Facebook kaum eine Besonderheit dar: Fernsehspots oder großformatige Anzeigen in der Stadt oder in Zeitschriften sind ebenso wirkmächtig wie Anzeigen auf Facebook – nur dass sie auf Facebook unter Umständen besser zu den Neigungen und Anfälligkeiten der „Zielperson" passen. Aber dagegen kann Aufklärung und Selbstreflektion helfen.

> **HINWEIS:** Es wird immer wieder behauptet, dass Facebook die Daten seiner Nutzerinnen und Nutzer an Fremdfirmen weiterveräußern würde. Facebook bestreitet das und es gibt keine Belege, die das Gegenteil beweisen.
>
> Allerdings stellt Facebook Ermittlungsbehörden Informationen zur Verfügung, wenn sie angefragt werden. Welche Daten dann Behörden zugänglich gemacht werden, haben wir auf der Website zu diesem Buch *www.facebook-fuer-eltern.net* verlinkt.

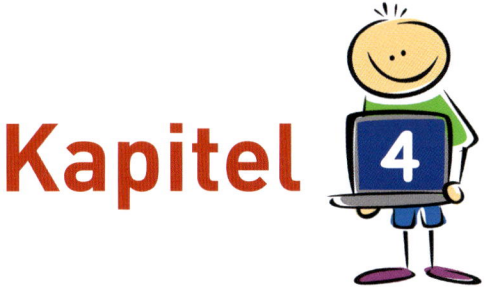

Kapitel 4

Probleme und Herausforderungen meistern

Was sollte man wissen, tun und lassen, um sich bei Facebook sicher und kompetent zu bewegen?

Sie erfahren in diesem Kapitel, wo bei der Nutzung von Facebook Schwierigkeiten lauern und wie Jugendliche (und Erwachsene) diese vermeiden oder bewältigen können. Dazu gibt es viele konkrete Beispiele und für wichtige Tipps, Tricks und Anleitungen.

Kapitel 4 – Probleme und Herausforderungen meistern

4.1 Privatsphäre und Datenschutz: Was gehört auf Facebook und was nicht?

4.1.1 „Es geht nicht um Datenschutz, es geht um Respekt!"

Ein Gespräch[1] zwischen Petra und Peter, Paula und Atilla über die Frage, mit wem sie auf Facebook ihre Informationen teilen.

> Peter: Ich habe gar keine Ahnung, wer da was von mir liest. Habe ich mich nie drum gekümmert.
>
> Paula: Bist Du bescheuert? Die Einstellungen zur Privatsphäre ändern, das ist doch das Erste, was man machen muss!
>
> Atilla: Genau.
>
> Petra: Aber echt. Wie macht Ihr das denn?
>
> Paula: Ich teile immer alles nur mit meinen Freunden.
>
> Atilla: Ich nehme immer „Freunde von Freunden", das sind ja auch nicht so viele.
>
> Paula: Quatsch, das sind voll viele.
>
> Petra: Manche Sachen teile ich auch gar nicht. Wenn ich meine Handynummer da neben meinem Profilfoto veröffentliche, habe ich ja gar keine Kontrolle darüber, wer was mit der Nummer anstellt.
>
> Paula: Und so was wie „Religionszugehörigkeit", das geht echt niemanden etwas an, finde ich.
>
> Atilla: Ich finde die Aufregung irgendwie übertrieben. Ich kann ja genau kontrollieren, was ich wem preisgebe.
>
> Petra: Falsch, kannst Du nicht. Die meisten Informationen über Dich habe ich gar nicht von Dir, sondern von Deinen Freunden bekommen. Du postest selbst zwar keine Bilder von Dir, aber Deine Freunde schon. Und wenn jemand irgendwo schreibt: „geil, mit Atilla gestern abgegangen bis nachts um drei", dann hast Du gar nicht selbst kontrolliert, was da wer über Dich weiß.

---

[1] inspiriert von der Gesprächsrunde *Youth Panel*, bei dem die Initiative *klicksafe* jährlich zum *Safer Internet Day* einige Jugendliche zu Internetthemen zu Wort kommen lässt

Privatsphäre und Datenschutz

Atilla: Facebook weiß voll viel. Als ich mich da angemeldet habe, wussten die schon, wen ich kenne. Bevor ich selbst überhaupt dort angemeldet war!

Paula: Bei mir hat mal eine Freundin ein Foto von uns im Badeanzug gepostet. Das haben dann andere so verändert, dass wir da nackt drauf waren. Die Freundin hat das Foto sofort wieder gelöscht, aber das Nacktfoto war da irgendwie schon sonstwo gelandet.

Atilla: Man muss halt irgendwie abwägen, was man da postet und was nicht.

Petra: Ich finde, man muss schon sehr auf Datenschutz achten.

Peter: Wenn andere was über mich schreiben, dann geht das doch nicht um Datenschutz. Es geht um Respekt!

4.1.2 Warum eigentlich Datenschutz?

„Datenschutz" ist ein Begriff, mit dem Facebook wenig anfangen kann. Wer in der Facebook-Hilfe nach „*Datenschutz*" sucht, erhält kaum Ergebnisse. Der Suchbegriff, mit dem man dort weiterkommt, lautet „*Privatsphäre*". Auch jenseits von Facebook wird in Deutschland inzwischen anstelle von „Datenschutz" häufig der englische Begriff „*privacy*" benutzt. Datenschützer in Deutschland sind darüber nicht unglücklich. Sie haben schon länger damit zu kämpfen, dass der trockene Begriff „Datenschutz" ihr Anliegen nur begrenzt zutreffend beschreibt. Eine beliebte Parole unter ihnen lautet: „Datenschützer schützen nicht Daten, sondern Menschen."

Warum ist Datenschutz für Menschen wichtig? Der Volksmund kennt die Antwort: „Wissen ist Macht." Erweitert lässt sich formulieren: „Weil aus Daten schnell Wissen werden kann, gilt: Daten sind Macht." Wer Daten über eine andere Person hat, der hat auch Macht über sie, kann ihr Verhalten besser einschätzen, vielleicht sogar voraussagen, kennt ihre Wünsche, ihre Schwachstellen, vielleicht sogar ihre Geheimnisse. Macht über das Verhalten anderer, das gilt sogar umgekehrt und „vorauseilend": Wenn man weiß, dass das eigene Verhalten beobachtet wird (also: Daten darüber zu Dritten gelangen), dann passt man das eigene Verhalten vorsorglich an, unterlässt manches und verhält sich angepasst an den Blick durch andere.

Kapitel 4 – Probleme und Herausforderungen meistern

Es schränkt also die Freiheit einer Person erheblich ein, wenn andere Daten über sie haben. Und man schränkt die eigene Freiheit sogar selbst ein, wenn man nicht weiß, wer genau welche Information bekommt. Das Bundesverfassungsgericht hat 1983 diesen Umstand gewürdigt und ein neues Grundrecht formuliert: das Recht auf informationelle Selbstbestimmung. Jeder Mensch soll so weit wie möglich selbst bestimmen können, wer welche Information über ihn bekommt. Nur so kann die Freiheit durchgesetzt werden, sich möglichst unabhängig von anderen zu verhalten, wie man es selbst für richtig hält.

4.1.3 Was sollte man wem über sich selbst mitteilen?

Mit dem Transparent durch die Stadt

Man stelle sich den düsteren Extremfall vor: Petra kann nicht sicher sein, aber sie muss immer damit rechnen, dass ihre Handlung von Freunden, Eltern, Nachbarn, Lehrern und der Polizei beobachtet wird. In der Offline-Welt würde das ihr Handeln ganz empfindlich einschränken. Bei Facebook ist das nicht so auffällig, weil die Beobachtung „unsichtbar" und damit weniger präsent ist. Für Jugendliche hilft zum Verständnis oft der Vergleich mit der Offline-Welt. Man kann sich bzw. das eigene Kind zum Beispiel fragen: „*Würdest Du diesen Inhalt, den Du da auf Facebook veröffentlicht hast, auch auf ein Transparent drucken, Dir ein Schild mit Deinem vollen Namen umhängen und mit Transparent und Namensschild durch die Straßen Deiner Stadt laufen? Am Haus Deiner Eltern und der Nachbarn vorbei, über den Schulhof, durch die Kirche, den Supermarkt, vor das Polizeirevier und zum Abschluss vor das Fenster der Fotoredaktion der Lokalzeitung?*" Wer diese Frage uneingeschränkt mit *Ja* beantworten kann, der kann den Inhalt des Transparents auch auf Facebook mit der Einstellung „*öffentlich*" einstellen. Wer zögert, der sollte auch die eigenen Einstellungen zur Privatsphäre auf Facebook genauer überprüfen. (Eine Merkhilfe: Die Einstellung „öffentlich" oder „alle" auf Facebook könnte auch „*transparent*" heißen – so wie das Plakat, mit dem man durch die Stadt läuft.)

Privatsphäre und Datenschutz

Keine Patentlösung

Was kann einer Person passieren, wenn (welche) Daten über sie in welche Kreise gelangen? Schon die vielen W-Worte in dieser Fragen zeigen, dass die Antwort alles andere als einfach ist. Ein und dieselben Daten, zum Beispiel das Geburtsdatum, die Religionszugehörigkeit, ein Urlaubsfoto, die Meinung über den Schulunterricht oder über Petras neue Frisur, können gänzlich unproblematisch sein, wenn ich sie mit einem begrenzten Kreis teile. Doch der „begrenzte Kreis" ist bereits der Knackpunkt. Häufig wird diskutiert, dass Menschen ihre Daten bei Facebook „für die ganze Welt öffentlich" machen würden. Das kann zwar viele Probleme mit sich bringen, lenkt aber vom Kern der Sache ab, denn die meisten Jugendlichen geben ihre Inhalte nicht für „die ganze Welt" frei. Nicht „die ganze Welt" macht das Problem aus, sondern schon eine einzige, ganz konkrete Person. Und diese Person kann für jeden Einzelfall eine ganz andere sein. Das Urlaubsfoto sollen zum Beispiel die Eltern nicht unbedingt sehen; die Meinung über die Schule sollen vor dem Lehrer verborgen bleiben; die Religionszugehörigkeit geht den potenziellen Arbeitgeber nichts an.

Schon diese wenigen Beispiele zeigen: Es ist gar nicht so einfach, sein Recht auf informationelle Selbstbestimmung in die Praxis umzusetzen. Es gibt keinen Schalter „Privatsphäre" bei Facebook, den man nur umlegen müsste, um alles abzusichern. Im Gegenteil: Es gibt Dutzende von Einstellungsmöglichkeiten zur Privatsphäre. Theoretisch kann man dort zu jeder einzelnen Veröffentlichung jede einzelne Person bestimmen, die den Inhalt sehen kann. Praktisch ist das zu aufwändig und es müssen Mittelwege gefunden werden.

Der Unsinn von „möglichst wenig freigeben"

Die Einstellungen zur Privatsphäre wurden in Kapitel 3 dieses Buchs beschrieben. Es ist nicht einfach, die vielen und komplexen Möglichkeiten und Funktionen überblicken und bedienen zu können. Und doch ist die Bedienung nur ein Teil dessen, was man für einen kompetenten Umgang in Sachen Datenschutz auf Facebook braucht. Der andere Teil besteht aus den Entscheidungen, wie man diese Einstellungen nutzt, welche Daten man wem freigibt und welche nicht.

Kapitel 4 – Probleme und Herausforderungen meistern

Eine beliebte Empfehlung findet man in vielen Ratgebern und Sonntagsreden: *Du musst bei Facebook immer möglichst strenge Einstellungen zur Privatsphäre nutzen!* Dieser Rat ist gut gemeint, aber schlecht umzusetzen. Nehmen wir diese Empfehlung beim Wort: „Möglichst wenig" würde im Extremfall einfach heißen „gar kein Facebook". Nutzt man doch Facebook, dann ist die strengstmögliche Einstellung fast immer „nur für mich selbst sichtbar". Würde man sich an diese größtmögliche Geschlossenheit halten, würde man bei Facebook nicht weit kommen. Denn der gute Rat verkennt eine Grundeigenschaft sozialer Netzwerke: **Facebook ist dafür gemacht, 1. Inhalte mit anderen zu teilen und 2. darauf Resonanz zu bekommen.** Je offener man etwas teilt (also je weniger streng die Einstellungen zur Privatsphäre sind), desto höher ist die Aussicht auf Resonanz. Wer Facebook mit möglichst wenig geteilten Inhalten nutzt, der wird auch wenig davon haben. Die grundsätzliche Eigenschaft von Facebook und der gut gemeinte Rat widersprechen sich gegenseitig!

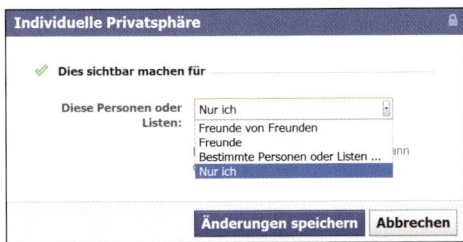

Abbildung 1: *Die strengstmögliche Einstellung zur Privatsphäre: nur ich (und Facebook)*

> **TIPP:** Die Einschränkung „sichtbar für ‚NUR ICH'" kann gut genutzt werden, um neue Funktionen oder auch Anwendungen zunächst auszuprobieren, bevor man deren Inhalte auch mit größeren Kreisen teilt.

Ein Balanceakt, für den es Übung braucht

Es wäre zu schön gewesen, wenn die einfache Regel aus den Sonntagsreden funktioniert hätte. Man wüsste immer eindeutig, was man tun und was man lassen sollte, ob man Offenheit (Inhalte mit

Privatsphäre und Datenschutz

vielen Menschen teilen) oder Geschlossenheit (Inhalte mit wenigen oder gar keinen Menschen teilen) wählt. Was kann man nun stattdessen als Leitlinie befolgen? Es gibt keine einfache Wahrheit, nach der man genau weiß, was richtig und was falsch ist. Es lässt sich nur folgender allgemeiner Grundsatz formulieren:

Du musst bei Facebook immer zwischen Offenheit und Geschlossenheit abwägen! So viel Offenheit wie nötig, damit Du Deine Ziele erreichst. So viel Geschlossenheit wie möglich, damit die unerwünschten Risiken und Nebenwirkungen möglichst unwahrscheinlich bleiben.

Abzuwägen zwischen zwei Zielen heißt immer: *Balancieren!* Für einen Balanceakt helfen Theorie, Richtlinien und Belehrung nur begrenzt weiter. Es braucht vor allem eines: Übung. So wie wir Menschen durch Erfahrung und Übung lernen, gegenüber anderen Menschen zwischen Vertrauen und Zurückhaltung zu balancieren, so müssen wir auch bei Facebook lernen, zwischen Offenheit und Geschlossenheit zu balancieren.

Wer einen Balanceakt üben will, der tut gut daran, die ersten Versuche nicht gleich auf dem höchsten Drahtseil, ohne Netz und ohne Trainer zu unternehmen. Genauso verhält es sich auch bei Facebook: Je weniger erfahren man ist, desto niedriger sollte das Seil und desto näher dran sollte der Trainer sein. Durch Übung und (manchmal schmerzhafte) Erfahrung lernt man dazu und kann sich nach und nach auf höher gespannte Seile trauen und auch mal ohne den Trainer aufs Seil.

Was heißt das konkret für die Begleitung von Kindern und Jugendlichen auf Facebook?

♦ **Die Höhe des Seils** ist die Offenheit. Gleich alles mit allen teilen, gleich auch private und heikle Inhalte zu posten, das ist als ob man gleich zu Beginn auf dem Drahtseil in großer Höhe einen Salto rückwärts ausprobiert. Das kann gut gehen, aber man kann auch leicht abstürzen. Also gilt: Ungeübte Facebook-Nutzer beginnen mit Geschlossenheit, mit harmlosen Inhalten und begrenztem Zugang für andere. Das Höchste der Gefühle sollte zu Beginn die Einstellung „Freunde" sein. Besser noch: Man teilt für den Anfang seine Inhalte nur mit handverlesenen Kon-

Kapitel 4 – Probleme und Herausforderungen meistern

takten, einzeln ausgewählt oder über eine Liste (vgl. Kapitel 3.5) definiert. Erst wenn man sich auf diesem Niveau sicher fühlt, kann man sich an den offeneren Einstellungen ausprobieren und „gewagtere" Inhalte teilen. Sobald man sich dabei unwohl fühlt, nutze man im Zweifelsfall die geschlosseneren Einstellungen!

- **Das Auffangnetz** unter dem Drahtseil gibt es bei Facebook nicht. Wenn man einen Inhalt veröffentlicht hat und daraus unerfreuliche Konsequenzen entstehen, kann man den Inhalt vielleicht noch löschen, aber die Folgen nicht mehr rückgängig machen. Als Ersatz für das Auffangnetz kann man sich eine „Gedanken-Probe" erschaffen. Also: Man formuliere einen Inhalt und die gewünschten Einstellungen zur Privatsphäre, ohne den Inhalt aber tatsächlich abzusenden. Stattdessen zeigt man ihn sich selbst (oder Eltern, Freunden, Vertrauten) mit der Frage: Was könnte passieren, wenn ich das mit dieser Offenheit poste? Hilfreich kann es auch sein, sich den erdachten Inhalt für eine Nacht oder eine Woche ins Regal zu legen und dann rückblickend zu fragen: Hätte ich das so absenden sollen? Oder war es nur eine fixe Idee, die ich später bereut hätte oder die einfach überflüssig war?

- **Der Trainer** ist jemand, der schon Erfahrung auf dem Drahtseil hat und dem Neuling beratend zur Seite stehen kann. Dafür muss er nicht selbst jede Situation kennen, in die sein Schützling geraten kann. Häufig kommt es eher darauf an, die richtigen Fragen zu stellen oder einfach nur als Gesprächspartner zur Verfügung zu stehen.

Nun ist es gerade bei Jugendlichen nicht immer so, dass sie ihre Eltern als Berater hinzuziehen wollen. (Je jünger die Kinder sind und je facebook-kompetenter sie ihre Eltern erleben, umso häufiger geschieht das.) Aber schon ein einzelnes Gespräch kann helfen, wenn darin die Bilder vom Transparent und vom Drahtseilakt besprochen werden. Aller Erfahrung nach hilft es sowohl den Eltern als auch den Kindern, wenn Eltern dabei nicht als Prediger auftreten, sondern sich selbst auch als Suchende und Übende verstehen. Auch im Sport muss ein Trainer ja nicht all das beherrschen, was sein Schützling lernen will. Er muss es nur verstehen.

Privatsphäre und Datenschutz

4.1.4 Die Macht der Standardeinstellung

Standard ab Werk oder ab Nutzer

Unter *Standardeinstellung* versteht man in der Computerwelt die Einstellung, die man benutzt, wenn man sie nicht bewusst ändert. Diese Einstellung ist entweder die, die „ab Werk" so vorgenommen wurde oder die vom Benutzer einmal festgesetzt und für die Zukunft als Standard übernommen wurde.

Standardeinstellungen sind sehr mächtig. Man kann davon ausgehen, dass viele Nutzer eine Einstellung, die ab Werk geliefert wird, nicht ändern werden. Auch eine selbst gesetzte Standardeinstellung ist mächtig, denn solange der Nutzer nichts tut, bestimmt sie, wo es lang geht. Ein Beispiel für eine Einstellung ab Werk: Im Betriebssystem Windows ist die *Taskleiste*, beim Mac das sogenannte *Dock* immer am unteren Bildrand zu finden. Obwohl Nutzer das beliebig ändern könnten, findet man diese Einstellung vermutlich bei 90% aller Nutzer.

Deine Freunde sind auch meine Freunde! Oder?

Bei Facebook gibt es eine STANDARDEINSTELLUNG FÜR DEINE PRIVATSPHÄRE. Ab Werk ist hier bei Jugendlichen FREUNDE VON FREUNDEN ausgewählt. Das hört sich nach einem übersichtlichen Kreis von Menschen an. Die Freunde meiner Freunde werden ja vermutlich keine schlechten Menschen sein. Oder? Es lohnt sich, einmal nachzurechnen, was sich dahinter eigentlich verbirgt. Nehmen wir an, Petra hat 250 Freunde auf Facebook, von denen jeder durchschnittlich 200 Freunde hat. Die Standardeinstellung bei Petra bedeutet dann: Ihre Inhalte können von je 200 Freunden von 250 Freunden gesehen werden. 250 mal 200, das macht 50.000 Kontakte![2] Von einem „übersichtlichen Kreis" kann also keine Rede sein.

---

2   In der Praxis können es deutlich weniger sein, weil sich die Freundeskreise überschneiden, also nicht jeder von Petras Freunden 200 *andere* Freunde hat. Aber auch dann umfasst der erweiterte Freundeskreis noch 20.000 oder 30.000 Kontakte.

Kapitel 4 – Probleme und Herausforderungen meistern

Abbildung 2: *„Freunde von Freunden" ist die Standardeinstellung bei Facebook.*

Für Jugendliche ist die Einstellung der Reichweite ihrer Inhalte ein Spagat. Sie möchten in der Regel gar nicht, dass ihre Inhalte der ganzen Welt zur Verfügung stehen. Ihre Peergroup ist ihnen wichtig, der Rest der Welt eher weniger. (Und wenn sie ihr Alter richtig angegeben haben, dann steht Unter-18-Jährigen die Option „öffentlich" auch gar nicht zur Verfügung.) Andererseits ist es für Jugendliche ein wichtiges Anliegen, ihren Freundeskreis auszudehnen. Nicht umsonst sind Sätze wie *„Kann ich noch jemanden zur Party mitbringen?"* oder *„Paula hat Atilla kennengelernt, der ist ein Freund von Peter."* von entscheidender Bedeutung in der Welt von Jugendlichen. In der Facebook-Sprache: Es geht häufig darum, dass Freunde von Freunden auch eigene Freunde werden.

Standard ist nicht gleich Standard

Facebooks „Standardeinstellung" ist leider nicht konsequent umgesetzt. Sie gilt nicht immer. Wer Facebook von seinem Computer aus über einen Browser benutzt, der findet für einen neuen Beitrag als Voreinstellung *nicht* die Standardeinstellung, sondern die Einstellung, die er zuletzt benutzt hatte. Dennoch ist die Standardeinstellung wichtig, denn sie greift immer dann, wenn man die Einstellung nicht ändern kann, während man etwas veröffentlicht. Das ist zum Beispiel bei den allermeisten Anwendungen so, mit denen man Facebook vom Smartphone aus, von einem Tablet wie z.B. dem iPad oder über andere Anwendungen nutzt.

Privatsphäre und Datenschutz

> **TIPP:** Auch für die Nutzung im Browser, wenn bei jedem Inhalt individiduell eine Einstellung gesetzt werden muss, kann man sich eine „geistige Standardeinstellung" setzen. Im Zweifelsfall sollte man „diese Standardeinstellung im Kopf" eher eine Stufe strenger setzen, als man für angemessen hält. Davon lässt sich in jedem Einzelfall abweichen, aber man ist „gezwungen", zumindest einen kurzen Moment lang darüber nachzudenken und diesen Schritt bewusst zu gehen.
>
> Außerdem empfiehlt sich ein gesundes Selbstbewusstsein gegenüber der Standardeinstellung. Es gibt keinen Grund, möglichst häufig die Standardeinstellung zu nutzen. Im Gegenteil lässt sich für jede Veröffentlichung ein eigener Adressatenkreis bestimmen.

4.1.5 Was andere über mich verraten, was ich über andere verrate

Die Adressbuch-Abfrage

Stellen Sie sich vor, jemand spricht Sie oder Ihr Kind mit folgenden Worten an:

> „Hallo! Wir kennen uns zwar noch nicht. Aber ich habe da eine Frage: Kann ich bitte mal kurz den Schlüssel zu Deiner Wohnung haben? Ich gucke mich da nur mal etwas um. Keine Angst, ich verändere dort nichts. Es wird danach noch genauso aussehen wie vorher. Du hast Bedenken? Brauchst Du nicht! Ich verspreche Dir, dass ich keine Kopie des Schlüssels anfertigen werde."

Sie halten das für Unsinn? Sie würden jeden für verrückt halten, der auf diese Frage hin seinen Schlüssel herausgeben würde? Auf Facebook passiert genau das und die allermeisten Menschen geben ihren Schlüssel ohne langes Nachdenken an Facebook weiter.

Gleich als allererste Handlung zu Beginn der Mitgliedschaft bittet Facebook einen neuen Nutzer um die Zugangsdaten zu seinem E-Mail-Postfach. Dort interessiert Facebook sich vor allem für die E-Mail-Adressen derjenigen Personen, die im Adressbuch des Nut-

Kapitel 4 – Probleme und Herausforderungen meistern

zers stehen. Das ist ungeheuer praktisch, denn über diese E-Mail-Adressen kann Facebook prüfen, wer von den eigenen Bekannten schon auf Facebook angemeldet ist. Man muss dann nicht mühsam nach Kontakten suchen, sondern bekommt sie von Facebook automatisiert vorgeschlagen. Und diejenigen Kontakte, die noch nicht bei Facebook sind, kann man dann auch gleich automatisiert per E-Mail einladen.

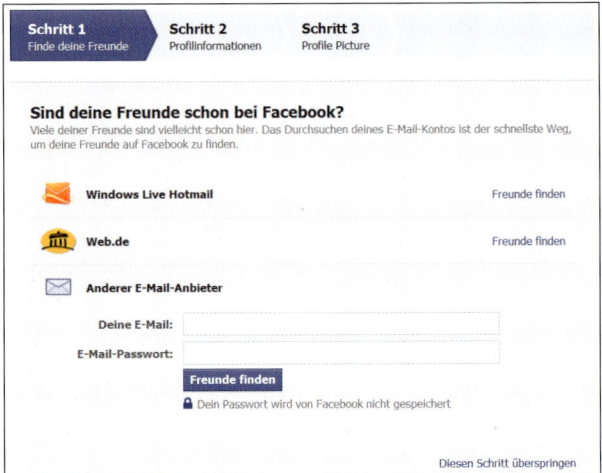

Abbildung 3: *Unmittelbar nach der Anmeldung fragt Facebook nach den Zugangsdaten für das eigene E-Mail-Postfach.*

So komfortabel das auch sein mag, man muss doch fragen: Zu welchem Preis erkauft man sich diesen Komfort? Will man Facebook wirklich seinen „Wohnungsschlüssel" aushändigen? Guckt Facebook wirklich nur in die E-Mail-Adressen? Vertraut man Facebooks Aussage, es würde nicht in die E-Mails schauen, die man gesendet und empfangen hat? Und „vergisst" Facebook danach alles wieder oder macht es sich Kopien der Inhalte?

Eine weitere Frage, die zum nächsten Abschnitt des Buchs führt: Kann man es eigentlich gegenüber eigenen Freunden und Bekannten verantworten, Facebook Informationen über sie weiterzugeben?

Privatsphäre und Datenschutz

Die zwei Hälften des Datenschutzes

Datenschutz wird häufig als „Schutz der eigenen Daten" verstanden. Unter dem Schlagwort „Datensparsamkeit" wird gefordert: *Jeder Mensch muss aufpassen, nicht zu viel über sich preiszugeben.* Das stimmt zweifelsohne, ist aber nur die eine Hälfte von Datenschutz. Die andere Hälfte betrifft das, was man über andere preisgibt. Das fängt schon ganz zu Beginn der Mitgliedschaft bei Facebook an: beim Abgleich des Adressbuchs. Hier kann man sich zwar fragen: Will ich Facebook **mein** Adressbuch freigeben, will ich, dass Facebook alle **meine** Kontakte kennt und speichert? Aber eigentlich geht es in **meinem** Adressbuch recht wenig um mich. Im Gegenteil: In meinem Adressbuch stehen vor allem die **Daten anderer Menschen**. Wenn ich Facebook Zugang zu meinem Adressbuch verschaffe, dann gebe ich damit **Daten von und über Dritte** frei: Wer steht mit mir in Verbindung? Wer hat welche E-Mail-Adresse, welche Telefonnummer, welche Postadresse gehört dazu? Viele Adressbücher umfassen auch das Geburtsdatum, Fotos oder Links zu anderen Profilen der eigenen Kontakte. Wenn ich Facebook Zugang zu meinem E-Mail-Konto gebe, dann gebe ich damit auch den Zugang zu allen E-Mails frei, die andere mir geschrieben haben. Facebook bestreitet zwar, die E-Mails selbst zu erfassen. Kontrollieren lässt sich das aber nicht.

Es geht nicht nur um mich ...

Wer bei Facebook aktiv ist, wird recht schnell merken: Man spricht nicht nur über sich, sondern fast immer auch mit anderen und über andere. Man veröffentlicht Status-Updates, was man mit wem macht, gibt vielleicht auch den gemeinsamen Standort preis, veröffentlicht Fotos von anderen und auf den Fotos von Dritten markiert man gemeinsame Bekannte. Facebook animiert mit zahlreichen Funktionen, möglichst viel nicht nur über sich selbst, sondern auch über andere preiszugeben.

Abbildung 4: *Neben „Was machst Du gerade?" möchte Facebook auch wissen: „Wer begleitet Dich?"*

Kapitel 4 – Probleme und Herausforderungen meistern

Informationen über andere preiszugeben, fängt bei Facebook aber nicht erst bei den MARKIERUNGEN an, die dann auch technisch einen Namen mit einem Facebook-Profil verbinden. Auch ohne Markierung ist es gängig, über andere zu schreiben oder Fotos von anderen Personen zu veröffentlichen. (Auf den Fotos, die man selbst gemacht hat, ist man ja auch selten selbst zu sehen.) Das ist Teil unseres normalen Kommunikationsverhaltens. Dennoch sollte man sich immer fragen: *Ist das für die Personen, über die ich etwas preisgebe, okay oder nicht?* Wenn man sich nicht sicher ist, dann muss man vorher fragen. Diese Überlegungen werden später im Abschnitt 4.3 anhand des Rechts am eigenen Bild vertieft.

4.1.6 PS: Was bedeutet eigentlich die Einstellung „nur ich"?

An vielen Stellen kann man als engste Einstellung der Privatsphäre „nur ich" auswählen. Dies sollte man immer dann wählen, wenn man diese Inhalte vor allen anderen Personen verbergen möchte. Allerdings muss man sich auch klar darüber sein, dass die Angaben hinter „nur ich" doch nicht ganz ausschließlich für mich zugänglich sind, wie die folgende Abbildung zeigt.

Abbildung 5:
Wie die Einstellung „Nur ich" tatsächlich heißen sollte (Fotomontage)

4.1.7 Woher kennt Facebook jemanden schon, bevor er sich angemeldet hat?

Die eigenen Freunde sind schuld

Der oben beschriebene Abgleich des Adressbuchs ist die Erklärung für eine häufige Frage von Facebook-Neulingen: *Woher weiß Facebook schon, wen ich kenne, obwohl ich mich doch gerade erst angemeldet habe?* Die Antwort lautet: Über meine E-Mail-Adresse, die ich Facebook gleich bei der Anmeldung mitgeteilt habe. Zwar

Privatsphäre und Datenschutz

habe ich selbst noch keine weiteren Informationen preisgegeben. Aber andere Facebook-Nutzer haben schon vor mir Facebook ihr Adressbuch anvertraut, in dem auch meine E-Mail-Adresse steht. Und wenn Petra im Adressbuch von Paula steht, dann ist es recht wahrscheinlich, dass Petra auch Paula kennt.

Vermutlich sind inzwischen fast alle Menschen, die regelmäßig E-Mails mit anderen Menschen schreiben, in Facebooks Datenbank erfasst. Damit besitzt Facebook eine unvorstellbar riesige „Wer kennt wen"-Datenbank, nicht nur von den eigenen Nutzern, sondern auch von Menschen, die selbst gar nicht auf Facebook sind, deren Bekannte aber ihre Verbindungen offenbart haben.

Wie kommt man da wieder raus?

Facebook ermutigt seine Nutzer, die eigenen Freunde zu Facebook einzuladen. Dafür verschickt Facebook dann Einladungen per E-Mail an die Adressen, die man Facebook mitteilt. Möchte man diese Einladungen nicht mehr erhalten, gibt es zwei Wege:

1. In jeder Einladungs-E-Mail findet sich ganz unten ganz klein ein Link DEAKTIVIEREN, mit dem man auf eine Seite von Facebook gelangt, auf der man sagen kann KEINE WEITEREN E-MAILS VON FREUNDEN AUF FACEBOOK ERHALTEN.

Abbildung 6: E-Mail-Einladung von Facebook – ganz klein ist unten rechts ein Link „deaktivieren" zu finden.

2. Facebook bietet ein Formular mit dem Titel INFORMATIONEN AUS DEN FACEBOOK-DATENBANKEN ENTFERNEN an, erreichbar über die Adresse www.facebook.com/help/contact.php?show_form=database_removal. Dort kann man auswählen: ICH HABE KEIN FACEBOOK-KONTO UND MÖCHTE NICHT, DASS FACEBOOK MEINE INFORMATIONEN WEITERHIN SPEICHERT.

Kapitel 4 – Probleme und Herausforderungen meistern

Achtung, wenn man den ersten Schritt wählt, bleibt die eigene E-Mail-Adresse in den Datenbanken von Facebook gespeichert, man bekommt aber keine weiteren Benachrichtigungen mehr. Im zweiten Fall wird die E-Mail-Adresse gelöscht. Allerdings muss man dann mit weiteren Einladungen von anderen Freunden rechnen. (Damit Facebook sich merken kann, dass eine konkrete E-Mail-Adresse keine weiteren Einladungen erhalten soll, muss es diese Adresse abspeichern.)

4.2 Urheberrechte respektieren

4.2.1 Millionen von Raubkopierern! Oder: Stell Dir vor, es gibt ein Urheberrecht und keiner hält sich dran.

Mitte November 2010 benahmen sich auf Facebook Millionen von Nutzern wie Kinder. Nicht nur Jugendliche, auch Erwachsene ersetzten ihr Profilbild durch das Bild einer Zeichentrickfigur.

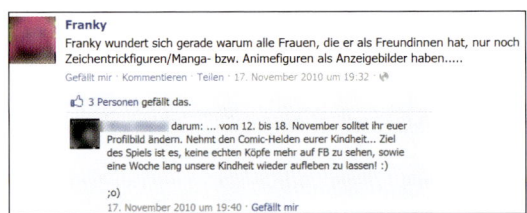

Abbildung 7: *Comic-Helden als Profilbilder – der Aufruf*

Schuld war ein Aufruf, der von Nutzer zu Nutzer weiter verbreitet wurde, jeweils verbunden mit der Aufforderung, diese Nachricht weiterzuleiten. Der virtuelle Kettenbrief hatte Erfolg. Für einige Tage sah Facebook aus wie ein Kinderzimmer. Horden von Donald Ducks, Alfs, Asterixe, Hägars, Supermans, He-Mans, Biene Majas, Garfields, Schlumpfines und diversen Anime-Frauen ersetzten die Profilbilder. Für die Beteiligten war das ein großer Spaß.

Nur die wenigsten waren sich bewusst, dass hier millionenfach gegen geltendes Recht verstoßen wurde. Denn Bilder einer Figur aus einem Comic oder einer Fernsehserie sind urheberrechtlich geschützt. Auch wenn die Bilder noch so klein sind, ob sie eingescannt oder im Internet gefunden worden sind, generell gilt: Wenn

Urheberrechte respektieren

man das Bild bei Facebook veröffentlicht, dann handelt es sich um eine „öffentliche Zugänglichmachung" – und hierfür braucht man die Zustimmung des Rechteinhabers.

Der Fall der Zeichentrickhelden zeigt im Großen, was im Kleinen jeden Tag bei Facebook millionenfach geschieht: Die Grenzen des Urheberrechts werden ignoriert und überschritten, in der Regel ohne böse Absicht – aber bekanntlich ist Unwissenheit keine Entschuldigung für Rechtsverstöße.

4.2.2 Ein Urheberrecht aus der analogen Zeit in der digitalen Welt

Viele Experten sehen das Grundproblem in Sachen Urheberrecht nicht in der Unwissenheit um die einschlägigen Regeln. Vielmehr passt das Urheberrecht, das für das analoge Zeitalter geschaffen wurde, häufig nicht zu den Rahmenbedingungen der digitalen Welt. Früher war die Verbreitung von Inhalten in der Öffentlichkeit und im privaten Kreis relativ klar voneinander zu trennen. Heute kann jeder Mensch auf Facebook und andernorts im Internet Inhalte publizieren, die irgendwo zwischen „Öffentlichkeit" und „privater Kreis" zu verorten sind. Diese große Grauzone macht die Sache so kompliziert.

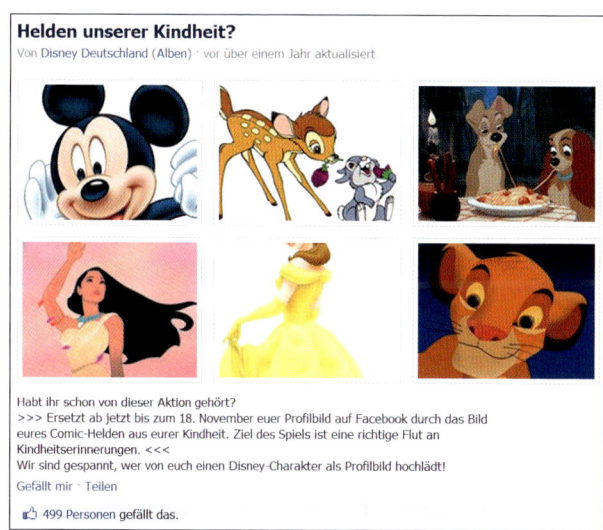

Abbildung 8: *Disney Deutschland und die Comic-Profilbilder*

Kapitel 4 – Probleme und Herausforderungen meistern

Kommen wir noch einmal auf die Comichelden aus dem November 2010 zurück. Obwohl der Rechtsverstoß eindeutig ist, ist kein Fall bekannt geworden, in dem jemand tatsächlich juristische Probleme mit seinem Profilbild bekommen hat. Im Gegenteil: Die Rechteinhaber forderten zum Teil sogar indirekt dazu auf, sich an dieser Aktion zu beteiligen.

Die millionenfachen Urheberrechtsverstöße sorgten für beste Werbung für die Figuren – kein Wunder, dass die Rechteinhaber der Sache mit Wohlwollen (oder zumindest mit Ignoranz) begegneten. Fraglich ist, wie man auf dieselben Urheberrechtsverstöße im Falle einer kritischen Aktion reagiert hätte. Zum Beispiel hätte der Aufruf ja lauten können: „Ersetzt Euer Profilbild für eine Woche durch den frauenfeindlichsten Charakter aus der Comicwelt." Möglicherweise wären dann die betroffenen Rechteinhaber mit Hinweis auf das Urheberrecht juristisch gegen die Nutzer vorgegangen.

Tatsache ist: Ein großer Teil der täglichen Aktivitäten bei Facebook bewegt sich im urheberrechtlichen Nebel, zum Teil auch in Verbotszonen. Das beginnt beim Bild eines Comichelden, betrifft das Video vom Karaokesingen und endet noch nicht beim Zitieren aus dem Lieblingsgedicht. Der kleinste Teil dieser Fälle wird juristisch verfolgt. Wer sich jedoch auf der rechtlich sicheren Seite bewegen will, muss viele Einschränkungen beachten.

4.2.3   Was ist erlaubt und was ist verboten? Die Grundsätze

Was darf man online veröffentlichen und was nicht? Als Faustregel kann gelten: Was man selbst erstellt hat, kann man auch veröffentlichen. Wenn man selbst ein Foto macht, ein Video aufnimmt, ein Gedicht schreibt oder am Klavier ein selbst komponiertes Stück aufzeichnet, wenn man selbst also eine kreative Schöpfung in die Welt bringt, dann ist man auch der Urheber. Man muss zwar insbesondere bei Fotos und Videos darauf achten, nicht die Persönlichkeitsrechte anderer zu verletzen (siehe dazu Abschnitt 4.3), aber das Urheberrecht an kreativen Leistungen steht dem Urheber automatisch zu und damit auch die Rechte zur Veröffentlichung und Verbreitung. Umgekehrt gilt in der Regel: Inhalte, die andere Menschen erstellt haben, darf man nicht veröffentlichen. Das gilt

Urheberrechte respektieren

grundsätzlich immer, also nicht nur, wenn der Inhalt andernorts entsprechend gekennzeichnet ist, zum Beispiel durch das Copyright-Zeichen ©.

> **HINWEIS:** Drei Grundgedanken zum Urheberrecht:
> 1. Wer ein Werk (komplett) selbst erstellt hat, darf es veröffentlichen.
> 2. Inhalte, die (zumindest teilweise) andere Menschen erstellt haben, darf man ohne ihre Zustimmung nicht veröffentlichen.
> 3. Und wie immer: Ausnahmen bestätigen die Regel.

Entgegen einer weit verbreiteten Ansicht ist es für das Urheberrecht **nicht** entscheidend, ob man mit der Veröffentlichung kommerzielle Absichten verfolgt oder nicht. Auch wenn man einen Inhalt nur zu privaten Zwecken veröffentlicht, zum Beispiel für die Einladung zu einer Party auf Facebook, so muss man dennoch die Schranken des Urheberrechts beachten.

Ein zweites Missverständnis ist bei Kindern und Jugendlichen häufig anzutreffen. Nur weil ein Inhalt, zum Beispiel das Foto eines Popstars, im Internet frei zur Verfügung steht, darf man es **nicht** andernorts veröffentlichen. Wenn man ein Bild oder einen Text übernehmen möchte, so muss man den Urheber, also den Fotografen oder den Autor, fragen. Wenn man keine Erlaubnis von ihm bekommt, dann darf man den Inhalt nicht veröffentlichen.

4.2.4 Was heißt eigentlich „veröffentlichen"?

Gerade bei Facebook stellt sich die Frage, wo eine Veröffentlichung beginnt. Beim Profilbild ist das eindeutig. Denn das Profilbild gehört bei Facebook zu den wenigen Inhalten, die für die gesamte Facebook-Öffentlichkeit zu sehen sind. Hier kann ganz eindeutig von einer Veröffentlichung gesprochen werden. Genauso ist es bei allen Inhalten, die man auf dem eigenen Profil oder in einer Statusmeldung mit dem Empfängerkreis „ÖFFENTLICH" teilt. (Jugendlichen steht der Status „ÖFFENTLICH" nicht zur Verfügung. Das gilt allerdings nur, solange die Jugendlichen ihr Geburtsdatum richtig angegeben haben.)

Kapitel 4 – Probleme und Herausforderungen meistern

Abbildung 9: *Eine öffentliche Statusmeldung*

Auf der anderen Seite kann eindeutig nicht von einer Veröffentlichung gesprochen werden, wenn man einen Inhalt nur mit einzelnen Menschen teilt. Wenn man zum Beispiel den zwei besten Freunden ein Bild schickt, dann ist das keine Veröffentlichung.

Das Problem: In 90% der Praxis liegt man zwischen diesen eindeutigen Fällen. Meist wird ein Inhalt auf Facebook zum Beispiel mit allen eigenen Freunden geteilt. Nun könnte man meinen, dass in diesem Fall keine *Veröffentlichung* vorliegt, denn *öffentlich* im umgangssprachlichen Sinne ist der Inhalt ja nicht. Leider sieht die Sache aus juristischer Sicht nicht so eindeutig aus. *„Öffentlichkeit"* kann für Juristen auch noch in relativ geschlossenen Gruppen bestehen, solange nicht alle Mitglieder dieser Gruppe durch „persönliche Bande" miteinander verbunden sind. Es ist also nicht ausreichend, wenn man als ein gemeinsamer Bekannter die Gruppe zusammenhält. Vielmehr müssen sich alle Beteiligten untereinander kennen. Soweit die strenge juristische Auslegung. In der Praxis werden diese Fälle wohl in den seltensten Fällen zu Problemen führen – denn mögliche Rechteinhaber werden die Urheberrechtsverletzung nicht bemerken, wenn die Veröffentlichung nur im geschlossenen Kreis erfolgt. Hier gilt: Wo kein Kläger, da kein Richter. Allerdings besteht weiterhin ein Restrisiko, denn ein Urheberrechtsverstoß liegt ja vor.

4.2.5 Was ist erlaubt und was ist verboten? Die Spezialfälle

Wie immer bei Faustregeln gibt es Sonderfälle und Ausnahmen. Im Folgenden sind häufige Fragen und Antworten zusammengestellt.

- ♦ Darf man ein Bild oder einen Text aus dem Internet herunterladen und auf der eigenen Festplatte speichern?

Urheberrechte respektieren

Ja, in der Regel ist das kein Problem, denn man veröffentlicht in diesem Fall ja gar nichts. (Anders verhält es sich allerdings, wenn es sich bei den Inhalten um offensichtlich illegal bereitgestellte Inhalte handelt, für die man normalerweise Geld bezahlen müsste.)

♦ Darf man ein Video von YouTube oder ähnlichen Plattformen auf der eigenen Seite einbinden?

Ja. Videos werden im Internet häufig über Videoplattformen wie YouTube verteilt, die das „Einbinden" oder „Embedden" des Videos auf anderen Websites, auch bei Facebook, ermöglichen. In diesem Fall wird das Video technisch gar nicht auf Facebook *veröffentlicht*. Stattdessen wird das bereits auf YouTube veröffentlichte Video nicht von Facebook, sondern direkt von YouTube aus zum Nutzer gesendet. Auch hier gibt es ein „Allerdings": Viele auf YouTube veröffentlichte Videos verletzen das Urheberrecht. Wer selbst bei YouTube ein urheberrechtlich geschütztes Video hochlädt, begeht eindeutig eine Rechtsverletzung. Ob diese Rechtsverletzung alleine durch das Einbetten „übernommen" wird, ist bisher nicht geklärt. Der Jurist Matthias Spielkamp formuliert es so: „Leider kann man – wie so oft – nicht sagen: ‚Das ist erlaubt', sondern lediglich ‚Bisher hat niemand dafür Ärger bekommen'."[3]

Abbildung 10:
Unproblematisch: ein Video von YouTube, eingebettet auf Facebook

♦ Darf man auf urheberrechtlich geschützte Inhalte verlinken?

Ja. Man kann auf Bilder, Texte und andere Inhalte beliebig verlinken, da man in diesem Fall nicht selbst Inhalte veröffentlicht. Ein Link ist nur ein Verweis auf Inhalte, die andernorts veröffentlicht sind. Aus urheberrechtlicher Sicht ist ein Link also unbedenklich. Juristisch umstritten ist allerdings die Frage, ob man sich juristisch proble-

---

3 Matthias Spielkamp: Fremde Inhalte auf eigenen Seiten. In: Spielregeln im Internet – Durchblicken im Rechte-Dschungel. S. 38. Online verfügbar unter *www.irights.info/userfiles/spielregeln_im_internet_klicksafe_irights.pdf*

Kapitel 4 – Probleme und Herausforderungen meistern

matische Inhalte mit einem Link aus strafrechtlicher Sicht zu eigen macht. Die Rechtsprechung zur Frage, ob ein Link auf rechtswidrige oder strafbare Inhalte selbst strafbar ist, ist nicht einheitlich.

♦ Darf man Inhalte von Dritten veröffentlichen, die unter freien Lizenzen stehen?

Ja. In den letzten Jahren werden im Internet immer mehr Inhalte unter sogenannten freien Lizenzen veröffentlicht. Der Urheber gestattet dabei anderen Menschen die Nutzung von Bildern, Videos oder Texten ausdrücklich, solange bestimmte Vorgaben erfüllt sind. Am weitesten verbreitet sind die *Creative Commons (CC)*-Lizenzen, über die die Website *de.creativecommons.org* informiert.

> **TIPP:** Wer Bilder, Videos oder Musik sucht, die unproblematisch weiterbearbeitet und/oder veröffentlicht werden können, findet über *search.creativecommons.org* spezielle Suchmaschinen für entsprechende Inhalte.

♦ Darf man ein Zitat einer berühmten Person veröffentlichen?

Leider ist auch hier die Rechtslage nicht einfach. In Deutschland gibt es zwei Situationen, in denen ein Zitat eindeutig erlaubt ist. Erstens: Die zitierte Person ist schon länger als 70 Jahre tot. Ab dieser Grenze erlischt nämlich der urheberrechtliche Schutz.

Abbildung 11: *Ein unbedenkliches Zitat, denn Goethe ist seit mehr als 70 Jahren tot.*

Der zweite Fall tritt ein, wenn man ein Zitat im Zusammenhang mit einer eigenen Auseinandersetzung mit einem Inhalt nutzt. Wenn man zum Beispiel die Behauptung eines Autors kritisieren will, so darf man dafür diese Behauptung auch zitieren. Nicht abgedeckt von dieser Regel sind Fälle, in denen Zitate zu „Schmuckzwecken" verwendet werden, zum Beispiel als Motto einer Veranstaltung oder als persönlicher Leitspruch. In den letzten Jahren wurde ein-

Urheberrechte respektieren

zelne Fälle bekannt, in denen gegen solche Verwendungsfälle von den Inhabern der Urheberrechte mit Abmahnungen vorgegangen wurde, zum Beispiel durch die Erben des Künstlers Karl Valentin. Bemerkenswert ist in diesem Zusammenhang, dass Facebook im Profil ausdrücklich dazu einlädt, die eigenen Lieblingszitate zu veröffentlichen. Bisher ist kein Fall bekannt, dass ein hier eingetragenes Zitat zu einer Abmahnung geführt hat.

Abbildung 12: *Auf der Seite „Info" können Inhaber einer Facebook-Seite/eines Facebook-Profils ein Lieblingszitat eintragen.*

♦ Darf man Collagen oder Remixe aus anderen Bildern, Videos oder Tönen erstellen und veröffentlichen?

Kurz gesagt: erstellen ja, veröffentlichen nein. Auch wenn man ein ganz neues Werk erschafft, indem man nur kleine Teile aus urheberrechtlich geschützten Inhalten verwendet, braucht man für die Veröffentlichung die Erlaubnis der Rechteinhaber. Auch hier gilt: In der Praxis wird das täglich millionenfach gemacht. Erlaubt ist es aber nicht.

♦ Darf man eine Comicfigur nachzeichnen und das Bild veröffentlichen? Oder einen Song nachsingen und das Video davon veröffentlichen?

Auch hier ist die Antwort einfach: nein. Sobald man die kreativen Leistungen eines anderen benutzt, greift das Urheberrecht.

Kapitel 4 – Probleme und Herausforderungen meistern

♦ Darf man Fotos oder Videoaufnahmen von Konzerten veröffentlichen, die man selbst gemacht hat?

Die Faustregel „Was ich selbst gemacht habe, darf ich auch veröffentlichen." reicht hier nicht. Denn man hat in diesem Fall die Aufnahme selbst gemacht, aber auf der Bühne hat noch jemand eine kreative Leistung erbracht, die möglicherweise auch berücksichtigt werden muss. Facebook selbst zieht sich in dieser Frage aus der Affäre. Im Hilfebereich steht: „Wenn du irgendeine Frage dazu hast, ob du rechtlich befugt bist einen Inhalt zu posten, wende dich bitte vor dem Hochladen des Inhalts auf Facebook an einen Rechtsberater." Das wird in der Regel nicht in Frage kommen. Doch auch wenn man einen Rechtsberater aufsuchen würde, dann würde dieser wahrscheinlich keine eindeutige Antwort geben. Bei den meisten Konzerten gibt es eine Regelung, ob private Foto- oder Videoaufnahmen gemacht und veröffentlicht werden dürfen. Es lohnt sich also, einen Blick auf die Website des Veranstalters, auf die Hausordnung oder die Rückseite der Eintrittskarte zu werfen. Auch hier gilt: Facebook und YouTube sind voll von solchen Inhalten. Die meisten Popstars und Plattenfirmen freuen sich über diese kostenlose Werbung und sollten sich hüten, die eigenen Fans zu verklagen. Aber ein Freibrief dafür kann dennoch nicht ausgestellt werden.

4.2.6 Was sind die möglichen Konsequenzen von Urheberrechtsverletzungen?

Aus den bisherigen Überlegungen zum Urheberrecht ist vor allem eins deutlich geworden: Es gibt viele Fälle von „ganz normaler Nutzung" von Facebook, die nicht allen rechtlichen Ansprüchen genügt. Was kann passieren, wenn man Urheberrecht verletzt? Hier sind generell drei Parteien zu unterscheiden, mit denen man es zu tun bekommen kann: 1. die Inhaber von Urheberrechten selbst, 2. von einschlägiger Seite beauftragte Anwälte und 3. Facebook.

Im ersten Fall meldet sich der Urheberrechtsinhaber selbst, möglicherweise auch sein Verlag, seine Agentur oder seine Plattenfirma. Bei einer solchen Aufforderung kann die Gelegenheit glimpflich ausgehen, wenn man sofort reagiert und einen solchen Inhalt wieder löscht. Manche Künstler stellen möglicherweise rückwirkend ein Honorar für die Nutzung in Rechnung.

Urheberrechte respektieren

Ernster wird die Situation, wenn eine Abmahnung per Post ins Haus kommt. (Abmahnungen kommen in der Regel in Papierform mit der Post. Wenn in E-Mails behauptet wird, dass es sich bei ihnen oder beim Anhang um Abmahnungen handelt, dann handelt es sich mit an Sicherheit grenzender Wahrscheinlichkeit um Spam oder Schadsoftware. Allerdings gilt auch hier: Ausnahmen bestätigen die Regel. Theoretisch ist auch eine Abmahnung per E-Mail möglich.)

Bei einer Abmahnung handelt es sich um ein Schreiben eines Rechtsanwalts, das den Rechtsverstoß benennt und dazu auffordert, 1. eine Unterlassungserklärung zu unterzeichnen und 2. zum Teil beträchtliche Anwaltskosten zu bezahlen. In diesem Fall gibt es einen eindeutigen Rat: Holen Sie sich Unterstützung bei einem spezialisierten Anwalt. Mit dessen Hilfe können Sie überhöhte Forderungen prüfen lassen und entsprechend reagieren. Wer eine Abmahnung ignoriert, riskiert eine Gerichtsverhandlung und zusätzliche Kosten. In manchen Branchen, vor allem in der Film- und Musikindustrie, wird mit diesen Abmahnungen inzwischen viel Geld verdient. Eine Abmahnung ist selten der Untergang der Welt – es passiert vielmehr derzeit jedes Jahr Hunderttausenden von Haushalten alleine in Deutschland. Aber sie sind meist mit nennenswerten Kosten und fast immer mit Stress verbunden. Es lohnt sich also, wenn Kinder und Jugendliche früh mit den geltenden Gesetzen vertraut gemacht werden.

Schließlich gibt es noch Facebook selbst. Facebook schreibt auf der eigenen Website:

> *Das Posten von urheberrechtsverletzendem Material auf Facebook ist streng untersagt und Konten von Wiederholungstätern werden von uns gekündigt.*

Der Ausschluss von Facebook ist also eine zusätzlich mögliche Konsequenz. Allerdings ist Facebook trotz einschlägiger Beteuerungen nicht gerade dafür bekannt, diese Grundsätze besonders streng einzuhalten.

In dieser Aufzählung fehlen unabhängige Dritte. Weder eine staatliche Behörde noch Außenstehende können eine Urheberrechtsverletzung zur Anzeige bringen oder bei Facebook melden. Urheberrechte können nur von den Inhabern selbst oder deren Beauftragten geltend gemacht werden.

Kapitel 4 – Probleme und Herausforderungen meistern

Facebook gibt den Beschuldigten die Möglichkeit, Einspruch gegen Beschwerden über eine Urheberrechtsverletzung einzulegen. Allerdings kann dieser Einspruch erst geäußert werden, *nachdem* Facebook den umstrittenen Inhalt entfernt hat. Auch hierfür gibt es ein Online-Formular, zu finden unter *www.facebook.com/legal/copyright.php?howto_appeal=1*

4.2.7 Was tun, wenn man selbst zum „Opfer" wird?

Wer einen Inhalt auf Facebook entdeckt, an dem er selbst das Urheberrecht beansprucht, hat die gleichen Möglichkeiten, wie im vorangehenden Abschnitt beschrieben. In den meisten Fällen wird eine direkte Aufforderung zum Löschen ausreichen, die man an diejenige Person richtet, die den Inhalt veröffentlicht hat. Will man mit härteren Bandagen kämpfen, braucht man anwaltlichen Beistand. Und auch die Beschwerde über Facebook ist ein möglicher Weg. Facebook bietet auf der Seite *www.facebook.com/legal/copyright.php?howto_report* verschiedenen Kontaktmöglichkeiten dafür an, unter anderem ein ausführliches Online-Formular.

Abbildung 13:
Meldung eines Urheberrechtsverstoßes (nur der erste Punkt eines langen Formulars)

4.3 Das Recht am eigenen Bild – wertlos auf Facebook?

4.3.1 Fotos sind schnell auf Facebook – und nie wieder weg?

Wie fast alle Mitschülerinnen in ihrer Klasse besitzt Petra ein Telefon, für das der Begriff „Telefon" eigentlich nicht mehr ausreicht. Man kann damit nicht nur telefonieren und natürlich auch das Internet nutzen, sondern über die hochwertige Fotokamera auch immer und überall Bilder aufnehmen. Selbst Videos lassen sich damit in bester Qualität erstellen und dank der mobilen Internetverbindung auf Knopfdruck mit Freunden teilen. Petra fotografiert sich und ihre Freundinnen in der Schule, auf der Party, im Einkaufszentrum und im Urlaub. Umgekehrt machen auch ihre Freundinnen Bilder von Petra und laden diese zu Facebook hoch. Es ist

Das Recht am eigenen Bild – wertlos auf Facebook?

ein großer Spaß, die aktuellen Ereignisse und ältere Erinnerungen in den Facebook-Alben zu durchstöbern. Aber kürzlich ist aus dem Spaß Ärger geworden. Peter hat Fotos von Petra veröffentlicht, die Petra lieber nicht bei Facebook sehen möchte, unter anderem aus der Umkleidekabine beim Sportunterricht. Erst recht möchte Petra nicht, dass andere diese Bilder auf Facebook sehen. Petra ärgert sich, aber sie fürchtet, dass man da nichts machen kann.

4.3.2 Das Telefon ist die Kamera ist Facebook

Nach Schätzungen werden inzwischen unvorstellbar viele Fotos gemacht – für 2011 spricht man von insgesamt 375 Milliarden digitalen Bildern, die weltweit erstellt wurden. Eine noch unglaublichere Zahl: 70 Milliarden, also knapp 20% aller Fotos werden zu Facebook hochgeladen.[4]

Facebook ist gerade für Jugendliche so attraktiv, weil sie dort Fotos von sich und anderen veröffentlichen können. Wenn man sich vor Augen hält, wie wichtig die äußere Darstellung für Jugendliche ist, so wird deutlich, warum manch einer viele Stunden damit verbringt, das richtige Foto für das Profilbild zu finden. Und auch andersherum: In den Facebook-Fotoalben von Freunden und Bekannten zu stöbern, Fotos zu kommentieren und mit anderen zu teilen, macht einen großen Teil der Anziehungskraft von Facebook aus. Überall im Leben gibt es dort, wo einem die Dinge wichtig sind, auch viel Zündstoff für Kummer und Ärger. Bei Fotos auf Facebook ist das nicht anders. Deswegen lohnt es sich, über die Grundlagen nachzudenken, auf denen täglich Bilder im Netz veröffentlicht werden.

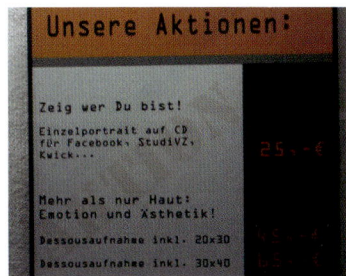

Abbildung 14:
Werbung eines Fotografen: Fotoshooting für das Facebook-Profil (Foto von Tobias Thiel unter CC-by-Lizenz)

---

4   Jonathan Good: *How many photos have ever been taken?* 15.9.2011 im Blog 1000memories.com 1000memories.com/blog/94-number-of-photos-ever-taken-digital-and-analog-in-shoebox

Kapitel 4 – Probleme und Herausforderungen meistern

4.3.3 Das Recht am eigenen Bild – ein Persönlichkeitsrecht mit Einschränkungen

Jeder Mensch darf in Deutschland grundsätzlich selbst bestimmen, wer wo Abbildungen von ihm verbreitet. Dieses sogenannte „Recht am eigenen Bild" basiert auf den Allgemeinen Persönlichkeitsrechten und kann direkt mit den ersten beiden Artikeln des Grundgesetzes begründet werden. Dahinter steht die Idee, dass man nur würdevoll leben und sich frei entfalten kann, wenn man nicht damit rechnen muss, dass das eigene Handeln ständig in eine unüberschaubare Öffentlichkeit gezerrt werden könnte.

Das Recht am eigenen Bild umfasst nicht nur Bilder im Sinne von Fotos, sondern auch Videobilder oder sogar Zeichnungen. Entscheidend ist einzig die Frage, ob die Person im Rahmen der Abbildung erkennbar ist oder nicht. Dafür muss nicht einmal das Gesicht zu sehen sein. Sobald die Person individuell erkennbar ist, muss sie einer Veröffentlichung vorab zustimmen. (Zur Frage, was bei Facebook eigentlich „veröffentlichen" heißt, vgl. die Überlegungen im Kapitel 4.2.4.)

Auch beim Recht am eigenen Bild gibt es Ausnahmen. Wenn eine Person in der Öffentlichkeit steht, zum Beispiel weil sie Politikerin, Sportler, Chef der Deutschen Bank oder sonstwie prominent ist, dann überwiegt mitunter das Recht der Öffentlichkeit, über die Aktivitäten dieser Person zu erfahren. Juristen sprechen hier von „Personen der Zeitgeschichte".

Ausnahmen gibt es auch, wenn eine Person sich an einem Ort aufhält, wo sie damit rechnen muss, dass hier Bilder/Filmaufnahmen gemacht und veröffentlicht werden. Das kann zum Beispiel ein Karnevalsumzug oder der Besuch eines Fußballstadions sein. Auch bei Demonstrationen gilt das Recht am eigenen Bild nur eingeschränkt.

Eine weitere Ausnahme schließlich betrifft Aufnahmen, in denen eine Person zwar zu erkennen ist, aber deutlich etwas anderes im Mittelpunkt steht. Wäre das nicht so, wäre zum Beispiel ein Foto des Brandenburger Tors kaum möglich, weil ständig Menschen davor stehen. Der Jurist spricht in diesem Fall davon, dass die Personen neben dem eigentlichen Fotoobjekt nur „Beiwerk" sind.

Das Recht am eigenen Bild – wertlos auf Facebook?

Abbildung 16: *Selbst wenn der Eis essende Buchautor unten links eindeutig zu erkennen wäre – auf diesem Bild ist er nur „Beiwerk" neben dem Hamburger Michel.*

4.3.4   Ein häufiges Missverständnis

Zum Recht am eigenen Bild ist ein Missverständnis weit verbreitet. Viele Menschen glauben, das Recht am eigenen Bild beziehe sich darauf, nicht gegen den eigenen Willen fotografiert oder gefilmt zu werden. Aber das Grundrecht bezieht sich nur auf die *Verbreitung* von Bildern, nicht auf die *Erstellung* der Bilder. Ein Foto von anderen Menschen zu machen, ist in der Öffentlichkeit grundsätzlich erlaubt. Auch hier gibt es Ausnahmen, aber generell gilt: Erst wenn man dieses Bild anderen Menschen zugänglich macht, braucht man das Einverständnis der fotografierten Personen. (Nur weil es erlaubt ist, heißt das natürlich nicht, dass es sich auch gehört, immer und überall andere Menschen ungefragt zu fotografieren.)

4.3.5   Die Rechtsgrundlage

Das *Gesetz betreffend das Urheberrecht an Werken der bildenden Künste und der Photographie* (*Kunsturheberrechtsgesetz* oder kurz: *KunstUrhG*) ist die Grundlage des Rechts am eigenen Bild. Hier die wichtigsten Paragraphen:

Kapitel 4 – Probleme und Herausforderungen meistern

§ 22

Bildnisse dürfen nur mit Einwilligung des Abgebildeten verbreitet oder öffentlich zur Schau gestellt werden. Die Einwilligung gilt im Zweifel als erteilt, wenn der Abgebildete dafür, daß er sich abbilden ließ, eine Entlohnung erhielt. Nach dem Tode des Abgebildeten bedarf es bis zum Ablaufe von 10 Jahren der Einwilligung der Angehörigen des Abgebildeten. Angehörige im Sinne dieses Gesetzes sind der überlebende Ehegatte oder Lebenspartner und die Kinder des Abgebildeten und, wenn weder ein Ehegatte oder Lebenspartner noch Kinder vorhanden sind, die Eltern des Abgebildeten.

§ 23

(1) Ohne die nach § 22 erforderliche Einwilligung dürfen verbreitet und zur Schau gestellt werden:

1. Bildnisse aus dem Bereiche der Zeitgeschichte;

2. Bilder, auf denen die Personen nur als Beiwerk neben einer Landschaft oder sonstigen Örtlichkeit erscheinen;

3. Bilder von Versammlungen, Aufzügen und ähnlichen Vorgängen, an denen die dargestellten Personen teilgenommen haben;

4. Bildnisse, die nicht auf Bestellung angefertigt sind, sofern die Verbreitung oder Schaustellung einem höheren Interesse der Kunst dient.

(2) Die Befugnis erstreckt sich jedoch nicht auf eine Verbreitung und Schaustellung, durch die ein berechtigtes Interesse des Abgebildeten oder, falls dieser verstorben ist, seiner Angehörigen verletzt wird.

4.3.6 Die Praxis

So weit die juristische Theorie. In der Praxis werden diese Grenzen häufig nicht eingehalten. Das war schon in vordigitaler Zeit so und verstärkt sich drastisch in Zeiten, in denen die meisten Menschen ständig eine Kamera (im Handy) dabei haben und über soziale Netzwerke wie Facebook die erstellten Bilder ganz einfach mit anderen teilen können. Juristisch haben wir es streng genommen auf Facebook täglich mit Millionen von Verstößen gegen das Recht

Das Recht am eigenen Bild – wertlos auf Facebook?

am eigenen Bild zu tun. Denn das Recht unterscheidet nicht zwischen der Verbreitung von Abbildungen auf Papier, Litfasssäulen, Dias, Videokassetten oder im Internet.

Wer das Recht am eigenen Bild strikt respektieren will, dem bleibt nichts anderes übrig, als entweder die Veröffentlichung von entsprechenden Bildern zu unterlassen oder aber alle abgebildeten Personen vor jeder Veröffentlichung zu fragen, ob sie damit einverstanden sind. Wer sich die Lebenswirklichkeit von Jugendlichen vor Augen hält, wird sich das schwerlich für die Praxis vorstellen können. Was ist aber die Alternative?

4.3.7 „Was Du nicht willst, das man Dir tu', das füg' auch keinem anderen zu."

Zunächst sollten Kinder und Jugendliche lernen, dass die Ausgangslage aller Überlegungen das existierende Recht am eigenen Bild ist. Wie bei vielen Grundrechten ist die Idee für Jugendliche zunächst vielleicht etwas abstrakt. Da kann es hilfreich sein, sich eine Welt ohne dieses Recht vorzustellen. Fragen Sie Ihr Kind: *Wie würde unser Leben aussehen, wenn wir in jeder Situation fotografiert und gefilmt werden könnten und diese Bilder ohne unser Einverständnis veröffentlicht werden?* Oft hilft auch ein Vergleich mit der Offline-Welt: *Würdest Du wollen, dass andere Menschen Fotos von Dir an der Plakatwand nahe der Schule aufhängen?* Und zur Anregung der Fantasie kann die Frage helfen: *Kannst Du Dir peinliche oder intime Fotos von Dir vorstellen, von denen Du nicht möchtest, dass andere sie nach Belieben verbreiten können?*

Die letzte Frage kann in einem Gespräch dazu führen, konkreter zu fragen: *Welche Fotos von Dir selbst möchtest Du bei Facebook finden? Wann/Von wem möchtest Du gefragt werden, bevor etwas veröffentlicht wird?*

Diese Fragen machen in der Regel bewusst: Wenn man selbst gefragt werden möchte, dann sollte man auch selbst fragen, bevor man die Fotos anderer veröffentlicht. Insofern kann die bewährte Regel „Was Du nicht willst, das man Dir tu', das füg' auch keinem anderen zu." auch bei Facebook weiterhelfen. In der Praxis wird sich meist herausstellen, dass Jugendliche einen engeren Kreis haben, in denen eine Veröffentlichung ohne vorherige Frage für

Kapitel 4 – Probleme und Herausforderungen meistern

sie in Ordnung geht. Der engere Kreis kann sich sowohl auf die Absender beziehen („Meine besten Freunde wissen schon, was von mir nicht bei Facebook zu sehen sein soll.") oder auch auf die möglichen Empfänger („Bilder aus der Schule sind okay, solange sie nur in der Freundesliste der Klasse veröffentlicht werden.").

Wichtig bei allen Überlegungen ist: Grundlage ist das Recht am eigenen Bild. In der Praxis kann man Ausnahmen davon definieren. Aber im Zweifelsfall gilt: erst fragen, dann veröffentlichen!

4.3.8 Markierungen auf Bildern

In Kapitel 2.9 wird beschrieben, wie Personen auf Fotos markiert werden können. Für das Recht am eigenen Bild ist es aber unerheblich, ob die abgebildete Person gar nicht oder nur in einem begleitenden Text oder über die Markierungsfunktion identifiziert wird. Entscheidend ist einzig und allein die Frage, ob die Person zu erkennen sein könnte und nicht eine der oben genannten Ausnahmen greift.

4.3.9 Wie kann man einen Inhalt löschen lassen? Schritt 1: Löschaufforderung

Was können Ihr Kind und Sie selbst tun, wenn jemand ein Bild des Kinds auf Facebook veröffentlicht hat, das man dort nicht sehen möchte? Das Recht ist in der Regel auf Ihrer Seite, aber in den allermeisten Fällen geht es nicht um juristische Probleme und auch nicht um juristische Lösungen. Vielmehr empfiehlt sich ein abgestuftes Vorgehen, das auch bei Videos oder unangemessen Texten so angewendet werden kann.

Im ersten Schritt sollte Ihr Kind direkt Kontakt mit der Person aufnehmen, die das Bild veröffentlicht hat, und die Person freundlich, aber bestimmt auffordern, das Bild wieder zu löschen. Die allermeisten Fälle lassen sich auf diesem Weg einfach und schnell aus der Welt schaffen. Dafür sollte man folgende Punkte beachten:

♦ Im Zweifelsfall sollte das Kind selbst die Kommunikation übernehmen. Der Eingriff eines Erwachsenen kann zu einer unnötigen Verschärfung der Situation beitragen. Die Grenzen zum

Das Recht am eigenen Bild – wertlos auf Facebook?

Eingreifen eines Erwachsenen liegen in der Regel bei einem 12-jährigen Kind anders als bei einem 17-jährigen, so dass hier keine generelle Empfehlung gegeben werden kann.

♦ Die Kontaktaufnahme sollte als direkte Nachricht erfolgen, entweder als E-Mail oder über die Facebook-Funktion „Nachricht senden". **Auf keinen Fall sollte man eine Diskussion zum Bild über die Kommentarfunktion unterhalb des Bilds selbst beginnen.** In diesem Fall muss man damit rechnen, dass das unerwünschte Foto noch mehr Aufmerksamkeit auf sich zieht.

♦ Ihr Kind sollte die Aufforderung direkt und unmissverständlich formulieren und auch eine klare Frist setzen, z.B. „bis nächsten Freitag" oder „innerhalb von vier Tagen". Falls es doch zu einer juristischen Auseinandersetzung kommt, ist der Nachweis einer Aufforderung mit Fristsetzung hilfreich.

♦ Wer auf Nummer sicher gehen will, kann zur Vorbereitung auf eine mögliche juristische Fortsetzung den Fall von Anfang an dokumentieren. Dazu gehört zum einen, den Kontakt mit der Gegenseite als Ausdruck auf Papier aufzubewahren. Zum anderen sollte man einen Screenshot des umstrittenen Bilds auf Facebook erstellen. (Am Ende dieses Buchs im Kapitel 5.3 finden Sie eine Anleitung zur Erstellung von Screenshots.)

4.3.10 Wie kann man einen Inhalt löschen lassen? Schritt 2: Facebook einschalten

Falls dieser sanfte Weg nicht zum Ziel führt, kann man sich mit der Bitte um Löschung eines Inhalts auch an Facebook wenden. Diensteanbieter wie Facebook sind verpflichtet, Inhalte zu löschen, wenn sie auf einen Rechtsverstoß hingewiesen worden sind. Allerdings macht Facebook es dem Nutzer alles andere als einfach, einen Inhalt beim Unternehmen zu melden. Stattdessen führen viele Wege erst einmal zu Lösungsversuchen zwischen den Beteiligten, ohne dass Facebook sich selbst Arbeit mit der Sache macht.

Facebook indirekt (nicht) einschalten

Wenn man auf dem Bild markiert ist (vgl. Kapitel 2.2.9 zum Markieren auf Fotos), kann man am unteren Rand des Bilds auf OPTIONEN

Kapitel 4 – Probleme und Herausforderungen meistern

klicken und danach MARKIERUNG MELDEN/ENTFERNEN auswählen. Wenn man auf dem Bild nicht markiert ist, heißt diese Option einfach DIESES FOTO MELDEN.

Abbildung 17: *Falls man selbst auf dem Foto markiert ist: Befehl „MARKIERUNG MELDEN/ ENTFERNEN"*

Abbildung 18: *Falls man selbst nicht auf dem Foto markiert (aber zu erkennen) ist: „DIESES FOTO MELDEN"*

Anschließend öffnet Facebook ein Dialogfenster, in dem man seine Probleme mit dem Foto näher eingrenzen kann.

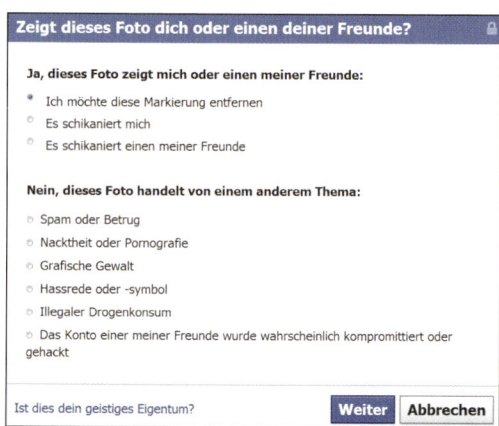

Abbildung 19: *Ein Foto melden – mit welcher Begründung?*

Das Recht am eigenen Bild – wertlos auf Facebook?

Die oberste Option ICH MÖCHTE DIESE MARKIERUNG ENTFERNEN führt zu einem neuen Dialogfenster, in dem man aus drei Optionen wählen kann.

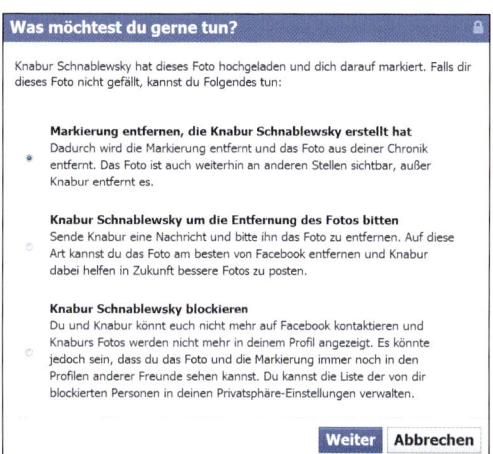

Abbildung 20: *Drei Optionen, um ein Foto zu entfernen*

Hier heißt es, die erklärenden Texte genau zu lesen. Denn obwohl man vorher eindeutig angegeben hat ICH MÖCHTE DIESE MARKIERUNG ENTFERNEN führt nur eine (nämlich die erste) der drei nun angebotenen Möglichkeiten zur Entfernung der Markierung. Alternativ kann man die Person, die das Foto hochgeladen hat, um Entfernung des Fotos bitten oder diese Person blockieren. Wenn man die zweite Option UM DIE ENTFERNUNG DES FOTOS BITTEN wählt, wird man von Facebook einfach nur zu einem Nachrichtenfeld geführt, in dem eine vorformulierte Nachricht mit Verweis auf das Foto erscheint. Der Empfänger bekommt dann diese Nachricht zusammen mit einem Link, über den er das Foto direkt löschen kann – wenn er es will. Die dritte Option blockiert den Kontakt zur anderen Person. Allerdings wird damit weder das Foto noch die Markierung entfernt. (Details zum Blockieren finden sich im Kapitel 4.5 Entfreunden und Blockieren.)

Kapitel 4 – Probleme und Herausforderungen meistern

Abbildung 21: *Vorformulierte Nachricht mit der Bitte um Entfernung eines Fotos*

In allen drei Fällen bleibt das Foto also gegebenenfalls weiterhin verfügbar. Was kann man noch tun, damit das Foto gelöscht wird?

Im Dialog, der in Abbildung 19 gezeigt wird, kann man auf den Punkt Es SCHIKANIERT MICH klicken. Mit „Es" meint Facebook hier wohl das Foto. (Einmal mehr greift Facebook hier in der Wortwahl gründlich daneben. Ein Foto von einem selbst muss nicht „schikanieren", damit man mit der Veröffentlichung nicht einverstanden ist. Meine Entscheidung fußt auf meinen Grundrechten, ich brauche gar keine Rechtfertigung dafür, dass das Foto entfernt werden soll, auf dem ich erkennbar abgebildet bin.)

Facebook bietet hier nun zwei – nein, drei! – Möglichkeiten an.

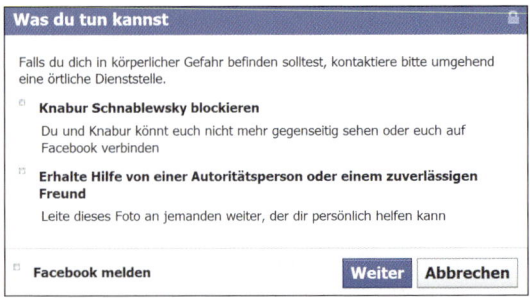

Abbildung 22: *„Was du tun kannst" nach Auswahl von „Es schikaniert mich"*

Das Recht am eigenen Bild – wertlos auf Facebook?

Wieder wird als Erstes das schon bekannte BLOCKIEREN angeboten. Darüber hinaus steht eine weitere Option zur Auswahl: ERHALTE HILFE VON EINER AUTORITÄTSPERSON ODER EINEM ZUVERLÄSSIGEN FREUND. Setzt man hier einen Haken, wird man von Facebook auf eine vorgefertigte Nachricht weitergeleitet, mit der man eine dritte Person um Hilfe bitten kann.

Abbildung 23:
Vorgefertigte Nachricht an eine „Autoritätsperson" (leider von Facebook nicht vollständig übersetzt)

Auch hier kann man feststellen: Keine der beiden Optionen führt dazu, dass das Foto entfernt wird oder Facebook sich auch nur damit auseinandersetzen würde. Um eine solche Möglichkeit zu finden, braucht es ein genaues Auge. Denn im Dialog in Abbildung 22 gibt es noch eine kleine, unten links etwas versteckte Option FACEBOOK MELDEN. Facebook behauptet, dass jede „Meldung" überprüft würde. Allerdings deuten allgemeine Erfahrungen daraufhin, dass ein einfaches Melden häufig folgenlos bleibt. Woran das liegt, erfährt die meldende Person nicht. Vielleicht haben Facebooks Prüfer die Meldung für nicht berechtigt befunden. Möglicherweise hat Facebook seine Datenbanken auch so programmiert, dass ein Inhalt erst von fünf oder zehn oder 100 Personen gemeldet werden muss, bevor es gelöscht wird und/oder sich ein Mitarbeiter damit auseinandersetzt. Im Abschnitt 4.7.3 werden wir noch ausführlich darauf eingehen, was von Facebook-Mitarbeitern gelöscht wird und was nicht.

Kapitel 4 – Probleme und Herausforderungen meistern

Wählt man im Dialog in Abbildung 19 übrigens die Option Es schikaniert einen meinen Freunde, unterscheidet sich das weitere Vorgehen nicht sonderlich. Auch wenn man nicht selbst auf dem Bild markiert ist, stehen die genannten Wege zur Verfügung, nur den Punkt Entfernung der Markierung gibt es dann natürlich nicht. Auch die weiteren Optionen, von Spam über Nacktheit bis zu Konto kompromittiert, führen nicht zu nennenswert anderen Optionen.

Bemerkenswert: Facebook hat entweder wenig Verständnis für den Grundsatz des Rechts am eigenen Bild oder es möchte dessen Idee lieber nicht zu stark in den Vordergrund stellen. Wie sonst ist es zu erklären, dass zwar neun verschiedene Optionen als Beschwerdegrund gewählt werden können, darunter Hassrede und Drogenkonsum, aber nicht die vielleicht einfachste und häufigste Begründung: Das Bild zeigt mich und ich bin mit der Veröffentlichung nicht einverstanden.

Die Formular-Variante

Wie in anderen Facebook-Problemfällen auch gibt es hier die Möglichkeit, sich mit einer Nachricht an Facebook zu wenden. Allerdings setzt Facebook wie in anderen Fällen die Hürden hoch, indem detaillierte Formulare ausgefüllt werden müssen. Und wie in anderen Fällen auch versteckt Facebook das Formular hinter Links, die über den Facebook-Hilfebereich erst einmal gefunden werden müssen. In diesem Fall muss man in der Hilfe den Artikel „Wie kann man dafür sorgen, dass ein Bild meines Kindes entfernt wird?" finden (www.facebook.com/help/?faq=103911089698763).

Auch hier wird zunächst wieder auf die Funktion Foto melden am Rande des Fotos verwiesen. Wer sich hier noch nicht aufhalten lässt, findet noch zwei weitere Optionen.

Die erste Option betrifft nur den Fall, dass die abgebildete Person unter 13 Jahre alt ist. Für diesen Fall sagt Facebook:

> „Sende einen Antrag auf Entfernen des Fotos oder Videos. Wir prüfen den Inhalt und entfernen ihn, wenn er ein Bild deines Kindes enthält, das unter 13 Jahre alt ist. Allerdings musst du die Meldung genau und vollständig ausgefüllt haben. Wir können nur dann tätig werden, wenn die Meldung von einem Elternteil oder gesetzlichen Vormund der abgebildeten Person stammt."

Das Recht am eigenen Bild – wertlos auf Facebook?

Wer sich davon nicht abschrecken lässt, kann sich das Formular „Meldung der unbefugten Nutzung eines Fotos - Kind unter 13 Jahren" anzeigen lassen. Die direkte Adresse: www.facebook.com/help/contact.php?show_form=unauthorized_photo_underage

Hier wird zunächst erklärt, Facebook würde alle Berichte überprüfen, sich aber weder im berechtigten noch im unberechtigten Fall einer Beschwerde bei der betroffenen Person melden. Nichtsdestotrotz soll man im Formular Anschrift, E-Mail-Adresse und Telefonnummer eintragen. Dazu braucht es den eigenen Namen sowie den Namen und das Geburtsdatum des Kinds sowie die Adresse der Seite, auf der das Foto zu finden ist. (Die Adresse kopieren Sie einfach aus der Adresszeile des Browsers.) Schließlich muss der Absender noch zwei Angaben zu machen, die wohl eher zur Abschreckung dienen.

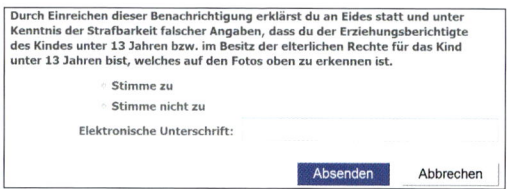

Abbildung 24: *Abschlusserklärung im Formular „Meldung der unbefugten Nutzung eines Fotos - Kind unter 13 Jahren"*

An dieser Stelle seien juristische und informationstechnische Einschätzungen ausgespart, dass Facebook formell keine „Erklärung an Eides statt" einfordern kann und dass eine Elektronische Unterschrift im Allgemeinen nicht das ist, was Facebook hier fordert. Nur so viel: Niemand sollte sich hier vom Absenden des Formulars abhalten lassen.

Was aber ist zu tun, wenn das Kind älter als 13 Jahre ist? Facebook sagt dazu:

> „Wir können dir nur dann direkt helfen, wenn es gesetzlich vorgeschrieben ist. Bitte deinen Teenager einen Antrag auf Entfernen des Fotos oder Videos zu senden."

Eltern können hier also nicht direkt tätig werden. Das Formular, auf das Facebook verweist, ist unter www.facebook.com/help/

contact.php?show_form=unauthorized_photos zu finden. Auch hier werden wieder Namen, Anschrift, Telefonnummer, E-Mail-Adresse und Adresse des Fotos abgefragt. Anstelle von „an Eides statt" und „elektronischer Unterschrift" hat Facebook hier eine andere Hürde eingebaut, um (vermeintlich) vorschnelle Meldungen zu erschweren. Es fordert: „Bitte zitiere das Gesetz, das die Veröffentlichung dieses Fotos untersagt".

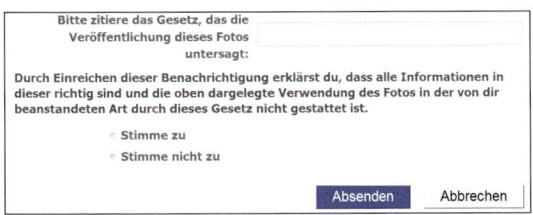

Abbildung 25: *Abschlusserklärung im Formular „Meldung der unbefugten Nutzung von Fotos"*

Für das Recht am eigenen Bild sollte an dieser Stelle die Nennung von „§22 KunstUrhG" ausreichen (vgl. Abschnitt 4.3.5).

Für manch unerfreuliche Praxisfälle wird auch eine andere Anforderung von Facebook zum Ärgernis: Für jedes zu beanstandende Foto muss ein eigenes Formular ausgefüllt werden. Sammelbeschwerden etwa für Fotoalben oder mehrere Fotos sind nicht möglich.

4.3.11 Wie kann man einen Inhalt löschen lassen? Schritt 3: Anwalt und/oder Polizei

Wenn die beschriebenen Schritte nicht weiterhelfen oder wenn Eile geboten ist, muss zu härteren Bandagen gegriffen werden. Das kann der Fall sein, wenn es sich nicht nur um unerfreuliche Partyfotos, sondern zum Beispiel um Nacktfotos, Verleumdungen, üble Nachrede oder ernsthafte Beleidigungen handelt. Ein Anwalt kann in diesem Fall eine Abmahnung verfassen. Auch eine Strafanzeige ist möglich, die bei jeder Polizeidienststelle aufgegeben werden kann.

Nüchternheit und Unnüchternheit

Zwar ist die Beschäftigung mit entsprechenden Fällen inzwischen Alltag im deutschen Rechtswesen. Dennoch empfiehlt es sich, bei der Auswahl des Anwalts einen Spezialisten für Internetrecht/Persönlichkeitsrecht zu suchen, denn die meisten Anwälte haben Fragen rund um Facebook & Co. nicht im Studium kennengelernt. Branchenbücher oder Internetverzeichnisse helfen bei der Auswahl eines Fachmanns oder einer Fachfrau.

4.3.12 Fazit: Bekommt man von Facebook Unterstützung?

Facebooks Prozedere und Formulare erinnern bisweilen an einen Irrgarten. In der Mitte des Irrgartens liegt das Ziel des Nutzers, nämlich tatsächlich Facebook zum Eingreifen zu bewegen. Der Weg dorthin ist nicht nur unübersichtlich und verschlungen. Zusätzlich stellt Facebook an den Abzweigungen des Irrgartens auch noch Wegweiser auf, die in alle möglichen Richtungen („Möchtest Du nicht lieber dorthin?") deuten, nur nicht zu sich selbst. Selbst wenn man es bis zum Ende schafft, steht dort nur ein Briefkasten, dessen Klappe sich nur öffnet, wenn man entsprechend aufwändige Formulare ausfüllt. Und auch dann ist noch längst nicht sicher, dass Facebook helfen wird.

Wenn eine Chance besteht, das Problem ohne Facebook zu lösen, sollte man diesen Weg verfolgen. Wer sich auf Facebook verlässt, braucht Geduld, gute Nerven und Frustrationstoleranz.

4.4 Nüchternheit und Unnüchternheit

4.4.1 Einmal betrunken auf Facebook, nie wieder Chancen bei der Bewerbung?

Es ist wohl die am häufigsten problematisierte Facebook-Geschichte: Bei Facebook wird das Foto eines betrunkenen Jugendlichen veröffentlicht, das ihm später beim Bewerbungsgespräch zum Verhängnis wird. Neben solchen Fotos gibt es einen selten diskutierten, aber im Alltag wohl ebenso problematischen Fall: Man schreibt selbst im betrunkenen Zustand Inhalte auf Facebook, die man am nächsten Morgen (oder im nächsten Jahr) bereut.

Kapitel 4 – Probleme und Herausforderungen meistern

Abbildung 26: *Eine (öffentliche!) Statusmeldung am frühen Sonntagmorgen*

4.4.2 Alkohol und andere Unnüchternheiten

Die folgenden Überlegungen gelten nicht nur für Trunkenheit durch Alkohol oder den Einfluss anderer Drogen. Gerade bei Jugendlichen kann auch der schwankende Emotionshaushalt, ganz ohne Alkohol, für akute „Unnüchternheit" sorgen. Ob liebestrunken durch Schmetterlinge im Bauch, beseelt von einer guten Nachricht, wutgetrieben durch eine ungerechte Behandlung in der Schule, traurig nach dem Tod von Popstar oder Haustier – all das sind Zustände, die für Jugendliche große Bedeutung haben und die sie gerne mit anderen teilen möchten. Nicht immer handeln sie dabei „nüchtern" im Sinne von wohlüberlegt und mit Bedacht.

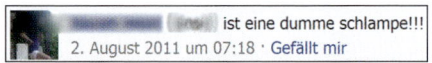

Abbildung 27: *Ein emotionsgeladener Kommentar*

Es ist nicht neu, dass Äußerungen unter Einfluss von Alkohol und Emotionen unangenehme Konsequenzen haben können. Sie sind im Zeitalter von Facebook nur möglicherweise folgenschwerer, weil eine Äußerung auf Facebook deutlich einfacher vom gesamten Freundeskreis oder gar darüber hinaus wahrgenommen werden kann und weil sie durch Schriftform oder Fotos auch besser dokumentiert und kopierbar bleibt. So kann es passieren, dass man einen nächtlichen Beitrag am nächsten Morgen bereut und löscht. Aber möglicherweise hat eine andere Person den Beitrag dann schon kopiert und kann ihn beliebig weiter verbreiten.

4.4.3 Einfache Theorie, schwierige Praxis

Es gibt zwei einfache Grundregeln, die Jugendliche (und Erwachsene) vor dem Veröffentlichen auf Facebook beherzigen sollten.

Nüchternheit und Unnüchternheit

Sie lauten „don't write while angry" und „think before you post", also in etwa „nicht im zornigen Zustand schreiben" und „denk nach, bevor Du etwas veröffentlichst". Diese Richtlinien sind deutlich älter als Facebook, sogar älter als das World Wide Web, das Anfang der 1990er Jahre entstand. Schon in der „Netiquette", die in den 1980er und 1990er Jahren als inoffizielle Hausordnung der Diskussionsforen im Usenet oder für E-Mails galt, fand man entsprechende Grundsätze. Es ist in der Praxis allerdings nicht immer einfach, diese Regeln auch zu beherzigen. Häufig gilt: Je emotional aufgeladener eine Sache ist, desto mehr hat man als Jugendlicher das Bedürfnis, diese Sache anderen mitzuteilen, sie mit anderen zu teilen. Die Theorie ist also klar und einfach, aber die praktische Umsetzung erfordert Disziplin und Übung.

4.4.4 Allerbeste Freunde

Neben den grundsätzlichen Überlegungen und guten Vorsätzen besteht die Möglichkeit einer durchaus streitbaren, aber nicht uninteressanten Vorkehrung. So lässt sich bei der Einrichtung von Freundeslisten (vgl. Kapitel 3.5) auch eine „Nicht-nüchtern-Liste" einrichten. So wie man in der Offline-Welt nicht immer nüchtern ist und diese Momente nur mit bestimmten Menschen teilen möchte, so lässt sich das auch auf Facebook übertragen. Dafür erstellt man eine Liste, die nur Menschen beinhaltet, denen man auch zweifelhafte und unbedachte Äußerungen anvertrauen würde. Die eingeschränkte Kontrollfähigkeit im unnüchternen Zustand reicht vielleicht nicht, um zweifelhafte Inhalte ganz von Facebook fernzuhalten. Aber möglicherweise reicht die Selbstkontrolle noch, um diese Inhalte nur mit einem ganz bestimmten, engeren Freundeskreis zu teilen. Das unüberschaubare Risiko möglicher Konsequenzen wird so deutlich reduziert, auch wenn man sich natürlich darüber im Klaren sein muss, dass die Inhalte weiterhin nicht nur für enge Vertraute, sondern auch für Facebook selbst zugänglich sind.

4.4.5 Die technische Lösung

Dem Problem der Unnüchternheit lässt sich im Zweifelsfall nur mit individuellen und sozialen Maßnahmen begegnen. Es gibt aber technische Hilfsmittel, die Facebook-Nutzer dabei unterstützen können, zumindest nicht im stark alkoholisierten Zustand zu pos-

Kapitel 4 – Probleme und Herausforderungen meistern

ten. Die kostenlose Software „Social Media Sobriety Test" („Nüchternheitstest") lässt sich als Erweiterung des Browsers installieren, ist aber nur auf Englisch verfügbar. Das Programm stellt sich dem Nutzer als Türsteher in den Weg, wenn er zu verdächtigen Tageszeiten auf die Websites von Facebook & Co möchte. Es stellt dem Nutzer Aufgaben, die betrunken schwierig zu bewältigen sind, wie z.B. Buchstabier- oder Reaktionsspiele, bevor es ihn zu Facebook & Co. zulässt. Der Nutzer kann einstellen, zu welcher Tageszeit („choose your hours of intoxification") und für welche Websites (z.B. Twitter, Facebook, YouTube, GoogleMail …) diese Sperre gelten soll.

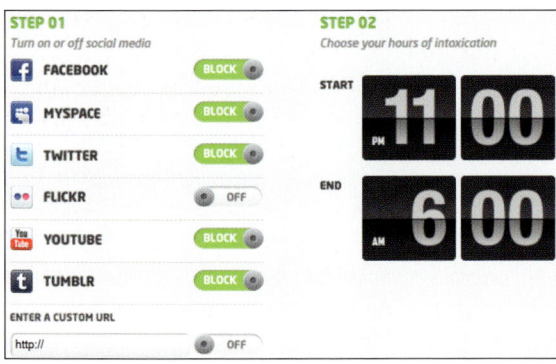

Abbildung 28: *Einstellungen der Software „Social Media Sobriety Test"*

Die Software ist als Erweiterung für Firefox, Internet Explorer, Chrome oder Safari unter *www.webroot.com/sobrietytest* verfügbar. Allerdings lässt sich die Software leicht umgehen, im einfachsten Fall durch das Deaktivieren der Software, wofür inkonsequenter Weise kein vorheriger Test notwendig ist. Auch Apps für iPhone oder Android sind erhältlich. Für die Smartphones gibt es zwar verschiedene Nüchternheitstests, die kurzfristig sogar Spaß machen. Aber sie haben keinerlei Sperrfunktion, was aufgrund der Software-Architektur der Systeme auch gar nicht möglich ist.

4.4.6   Die Personalchefs

Zurück zu der am Anfang des Kapitels angesprochenen Problematik, dass Personalchefs bei Partybildern auf Facebook den Bewerber erst gar nicht zum Bewerbungsgespräch einladen. Das

Entfreunden und Blockieren

Problem ist nicht von der Hand zu weisen. Generell gilt: Inhalte, von denen man nicht möchte, dass sie beliebige andere Menschen auch Jahre später noch lesen können, darf man auch nicht ins öffentliche Internet einstellen. Wer auf Nummer sicher gehen will, sollte zusätzlich auch im geschlossenen Bereich vorsichtig sein, denn niemand kann garantieren, dass Facebooks Sicherheitsvorkehrungen diese Daten für immer verschlossen halten werden. Andererseits gibt es in manchen Berufsfeldern auch Berichte von Personalchefs, die beim Googlen von Bewerbern skeptisch werden, wenn die gesuchte Person online quasi nicht existent ist.

Was die gesellschaftliche Dimension des Themas angeht, so sind weniger die Partybilder von Jugendlichen verwerflich, als vielmehr die Versuche von Arbeitgebern, private Informationen über Bewerber herauszubekommen. Das gilt umso mehr, seit Ende März 2012 erste Berichte aus den USA auftauchten, dass Arbeitgeber Bewerber dazu drängen, ihnen beim Bewerbungsgespräch doch bitte die Zugangsdaten zu ihren privaten Facebook-Accounts auszuhändigen.[5] Auf politischer und gesamtgesellschaftlicher Ebene müssen die düsteren Überwachungs- und Kontrollszenarien ernst genommen und diskutiert werden, die zum Beispiel Constanze Kurz und Frank Rieger in ihrem Buch „*Die Datenfresser: Wie Internetfirmen und Staat sich unsere persönlichen Daten einverleiben und wie wir die Kontrolle darüber zurückerlangen*" zeichnen.[6]

4.5 Entfreunden und Blockieren

4.5.1 „Petra hat ihren Beziehungsstatus auf ‚Single' geändert."

In der 8. Klasse waren Peter und Petra noch sicher, dass sie als Liebespaar für immer und ewig zusammen bleiben würden. Vertrauen, Ehrlichkeit und Offenheit waren für beide wichtig, weswegen sie selbstverständlich auch bei Facebook alles miteinander teilten. Doch nach den Sommerferien ist alles anders. Petra hat sich in Pedro verliebt und von Peter getrennt. (Von der Trennung

---

5 Manuel Valdes: *Dreiste Frage nach dem Facebook-Passwort*. Spiegel Online am 28.3.2012, www.spiegel.de/karriere/ausland/0,1518,824036,00.html
6 Fischer (S.), Frankfurt 2011

Kapitel 4 – Probleme und Herausforderungen meistern

hat Peter auf Facebook erfahren. Dort stand: „Petra hat ihren Beziehungsstatus auf ‚Es ist kompliziert.' geändert."]

Inzwischen postet Petra auf Facebook Fotos von ihrer neuen Zweisamkeit mit Pedro und von ihren Gefühlen als Frisch-Verliebte. Pedro postet gerne Ideen für die gemeinsame Lebensplanung an ihre Pinnwand. Petras Verhältnis zu Peter ist nicht mehr so gut. Besser wäre es daher, wenn Peter auch auf Facebook nicht mehr alle Inhalte von und über Petra sehen und kommentieren könnte.

4.5.2 Ich bin nicht mehr Dein Freund!

So alt die Idee vom „Freunde werden" ist, so neu ist ein Wort, das erst durch Facebook Einzug in den (jugendlichen) Wortschatz gehalten hat: sich „*entfreunden*". Dabei handelt es sich um einen Vorgang, der in der Vor-Facebook-Zeit bei Jugendlichen und Erwachsenen meist im Stillen vollzogen, bei jüngeren Kindern aber noch offen ausgesprochen wurde: „Ich bin nicht mehr Dein Freund!"

Es gibt zahlreiche Gründe für die Auflösung einer Facebook-Freundschaft. Manche von ihnen sind eher oberflächlicher Natur, aber es kann auch ernst werden. Der Ex-Freund ist nur ein Beispiel, auch einfaches Desinteresse, Streit oder sogar Mobbing können gute Gründe dafür bieten, jemanden bei Facebook zu entfreunden.

4.5.3 Die sanfte Alternative zum Entfreunden: Listen

Ein sanfterer Schritt als das Entfreunden ist die (Neu-)Sortierung des Freundeskreises in Listen. Facebook bietet als Voreinstellung bereits eine Liste mit dem Namen „Eingeschränkt" an. Personen, die man dieser Liste zuweist, können nur noch die Beiträge sehen, die man als ÖFFENTLICH kennzeichnet (vgl. Kapitel 3.5).

Wer umgekehrt einfach nur die Beiträge einer bestimmten Person nicht mehr sehen will, kann diese ausblenden. Dafür klickt man in einem Beitrag der betroffenen Person oben links auf den Pfeil nach unten und wählt ABONNEMENT FÜR PERSON DEAKTIVIEREN. (Details dazu finden sich in Kapitel 3.9.)

Entfreunden und Blockieren

4.5.4 Entfreunden – so funktioniert es

Der Prozess des „Entfreundens" funktioniert denkbar einfach. Man besuche das Profil der betroffenen Person. Dort findet sich rechts vom Namen das Feld FREUNDE, vor dem ein Haken gesetzt ist. Beim Klick auf dieses Feld wird ein Menü geöffnet, an dessen unterem Ende es den Punkt „ALS FREUNDIN ENTFERNEN" gibt. Ein Klick darauf erledigt genau das.

Abbildung 29: *Die Funktion „Als FreundIn entfernen"*

Facebook bestätigt anschließend die erfolgreiche Aufkündigung der Freundschaft.

Die entfreundete Person (Peter) bekommt keine gesonderte Nachricht darüber, dass jemand (Petra) die Freundschaft mit ihr beendet hat. Das Entfreunden lässt sich aber nachvollziehen, wenn Peter in der Liste der eigenen Freunde Petra nicht mehr findet. Wenn Petra Peter über das Entfreunden informieren möchte, muss sie eine begleitende Nachricht an Peter schicken. Ob das sinnvoll ist oder ein „stiller Abschied" vorzuziehen ist, ist keine technische Frage und muss von Petra selbst entschieden werden.

Während beim Befreunden beide Seiten der Freundschaft zustimmen müssen, gilt das für das Beenden der Freundschaft nicht. Wenn eine Person die Beziehung einseitig aufkündigt, so ist damit automatisch in beide Richtung ein Kommunikationsstopp vorgenommen. Wenn Petra also Peter entfreundet, dann kann anschließend Peter nicht mehr auf die Informationen zugreifen, die nur für Petras Freundeskreis bestimmt sind, während umgekehrt Petra auch Peters Informationen nicht mehr sehen kann.

Kapitel 4 – Probleme und Herausforderungen meistern

Nach wie vor kann die entfreundete Person aber diejenigen Informationen sehen, die als ÖFFENTLICH definiert sind. Diese Informationen lassen sich durch Beenden der Freundschaft nicht vor einzelnen Personen verbergen. Wenn man die Funktion „Abonnements" aktiviert hat, so bleibt die entfreundende Person sogar automatisch Abonnent der öffentlichen Beiträge.

4.5.5 Die harte Alternative zum Entfreunden: Blockieren

Wer eine andere Person möglichst konsequent aus seinem Facebook-Leben streichen möchte, der muss diese Person blockieren. Dafür klickt man auf dem Profil der Person ganz rechts auf das Zahnradsymbol und wählt dort den untersten Punkt „MELDEN/BLOCKIEREN".

Abbildung 30:
Drop-down-Menü mit der Option „Melden/Blockieren"

Nun erscheint ein Dialogfeld mit mehreren Optionen, für das man sich einen Moment Zeit nehmen sollte.

An dieser Stelle fragt Facebook zwei Dinge gleichzeitig ab. In der oberen Hälfte kann man zwischen drei Optionen wählen. Nur bei Auswahl der dritten Option BLOCKIEREN wird der Kontakt tatsächlich weitgehend gesperrt. Im unteren Bereich kann (muss aber nicht!) man zusätzlich eine MELDUNG darüber an Facebook schicken, was man bei der betroffenen Person für problematisch hält. (Diese Meldung funktioniert allerdings nicht immer so, wie die meisten Menschen sich das vorstellen. Weitere Hinweise dazu finden sich in Kapitel 4.6 „Der richtige Umgang mit Mobbing, Bullying und Stalking".)

Entfreunden und Blockieren

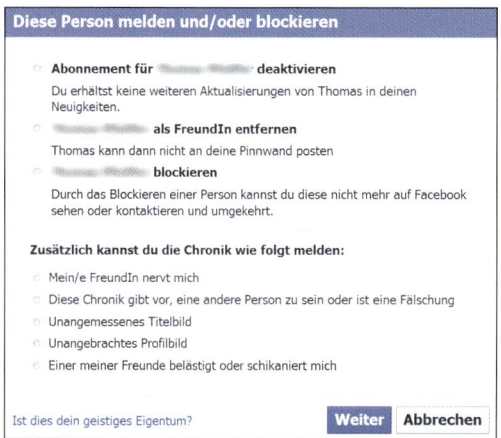

Abbildung 31: Dialogfenster „Person melden und/oder blockieren"

Wenn man eine Person blockiert, so wird man für diese Person weitgehend „unsichtbar" auf Facebook. Das Blockieren funktioniert gegenseitig, also wird auch die andere Person für Sie nicht mehr zu sehen sein. Was heißt das konkret? Es werden alle Verbindungen zwischen der blockierten Person und Ihnen gekappt. Das Profil/die Chronik des anderen wird nicht mehr angezeigt, so dass man sich gegenseitig auch nicht mehr auf die Pinnwand schreiben kann. Auch in Suchergebnissen werden die andere Person und deren Inhalte nicht mehr angezeigt. Die Chat-, Nachrichten- und die Anstupsfunktionen können zwischen diesen Personen nicht mehr genutzt werden. Wenn die blockierte Person und Sie gemeinsame Aktivitäten haben, zum Beispiel Mitglieder in derselben Gruppe sind, dieselbe Veranstaltung besuchen oder Kommentare unter denselben Beitrag schreiben, so werden die andere Person und deren Inhalte dort für Sie ausgeblendet.

Allerdings gibt es zwei Ausnahmen, in denen die Unsichtbarkeit nicht funktioniert. Zum einen: Die andere Person kann Sie immer noch in Inhalten finden, die von Dritten über Sie eingestellt werden und für diese Person freigegeben werden. Wenn also ein gemeinsamer Freund ein Foto von Ihnen veröffentlicht oder Sie in einem Text erwähnt, so kann das auch die blockierte Person sehen. In diesem Fall wird nur der Link, der bei einer Markierung zu Ihrem Profil führen würde, für diese Person deaktiviert. Den Inhalt sieht sie aber nach wie vor. Das gilt auch umgekehrt: Wenn die blo-

Kapitel 4 – Probleme und Herausforderungen meistern

ckierte Person zum Beispiel einen gemeinsamen Freund auf einem Foto markiert, so taucht auch diese Meldung (weil sie auf den gemeinsamen Freund bezogen ist) weiterhin in Ihren Neuigkeiten auf – zusammen mit dem Namen der blockierten Person.

Die zweite Ausnahme: Für Spiele und Anwendungen (vgl. Kapitel 3.10), die nicht von Facebook, sondern von Dritten bereitgestellt werden, gilt die Blockade nicht. Die blockierte Person und man selbst können sich also zum Beispiel in dem Chat zu einem Spiel noch begegnen.

Zum Schluss noch drei weitere wissenswerte Punkte über das Blockieren:

♦ Das Blockieren funktioniert nicht rückwirkend. So bleiben zum Beispiel Nachrichten oder Einträge auf der eigenen Pinnwand erhalten, die die betroffene Person geschickt hat, bevor man sie blockiert hat. Diese Inhalte lassen sich bei Bedarf von Hand löschen.

♦ Wie beim Entfreunden bekommt auch beim Blockieren die betroffene Person keine Benachrichtigung durch Facebook. Facebook geht sogar so weit, den Vorgang als „ganz und gar vertraulich" zu bezeichnen. Allerdings kann die blockierte Person dies selbstverständlich selbst bemerken, wenn eine andere Person ihr nicht mehr angezeigt wird oder sie ihr keine Nachrichten mehr schicken kann.

♦ Einen Überblick über die Personen, die man blockiert hat, bietet der Punkt BLOCKIERUNGEN VERWALTEN, der über das Menü PRIVATSPHÄRE-EINSTELLUNGEN zu erreichen ist. Hier können andere Nutzer auch über Eingabe der E-Mail-Adresse gesperrt werden – sofern man die E-Mail-Adresse kennt, mit der die andere Person bei Facebook angemeldet ist.

4.5.6 Wenn es ernst wird ...

Wenn man es mit ernsthaften Problemen wie Stalking oder Mobbing zu tun hat, dann ist ein Entfreunden oder Blockieren ein guter erster Schritt, aber möglicherweise nicht die Lösung aller Probleme. Wenn

Der richtige Umgang mit Mobbing, Bullying und Stalking

zum Beispiel über eine Person schlecht geredet wird, so kann diese Person zwar die Mobber aus ihrem Freundeskreis entfernen. Möglicherweise machen die Mobber aber hinter ihrem Rücken weiter. Unter bestimmten Umständen kann es sogar sinnvoll sein, diese Aktivitäten gerade nicht für sich selbst unsichtbar zu machen, damit sie nachvollzogen und bei Bedarf dokumentiert werden können.

4.6 Der richtige Umgang mit Mobbing, Bullying und Stalking

4.6.1 Wenn Freundschaft zur Feindschaft wird

Petra und Paula kannten sich seit der ersten Klasse. Sie saßen in der Schule immer nebeneinander, teilten die gleiche Vorliebe für Pferde und Vampirgeschichten. Gemeinsam gingen sie jede Woche zum Ju-Jutsu-Training, gemeinsam unternahmen sie mit 14 Jahren täglich Streifzüge durch Einkaufszentrum und Fußgängerzone. Kurz: Petra und Paula waren beste Freundinnen. „Keine Geheimnisse voreinander!" war das oberste Gebot ihrer Freundschaft und „für immer Freunde!" war ihr Treueschwur. Die Freundschaft hielt acht Jahre lang. Dann verliebten sich Petra und Peter. Die neue Beziehung forderte ihren Tribut, die Freundschaft zu Paula zerbrach nach einem heftigen Streit von einem Tag auf den anderen. Paula hatte jetzt keine beste Freundin mehr, kannte aber immer noch Petras Geheimnisse, Ängste und Hoffnungen.

Kurze Zeit später begann es für Petra auf Facebook ungemütlich zu werden. Zunächst hatte sie nur das Gefühl, dass dort Diskussionen hinter ihrem Rücken liefen. In der Klasse gab es Anspielungen auf Inhalte auf Facebook, die offensichtlich alle kannten, nur Petra nicht. Schließlich bekam Petra heraus, dass jemand ein Facebook-Profil mit einem Foto von ihr unter dem Namen „Petra Sch. Lampe" eröffnet und sich mit allen aus der Klasse befreundet hatte – mit allen außer mit ihr. Unter diesem Namen schreibt jemand aus vermeintlich ihrer Perspektive und zieht sie und ihre Beziehung zu Peter ins Lächerliche. Die Witze gehen oft unter die Gürtellinie. Dennoch, oder deswegen, finden sich viele GEFÄLLT MIR- und Kommentareinträge unter den Beiträgen. Und neuerdings erscheinen dort auch Fotos von Petra, offensichtlich eingescannte

145

Kapitel 4 – Probleme und Herausforderungen meistern

Bilder aus der Grundschulzeit, die mit Bildbearbeitung so nachbearbeitet sind, dass Petra sehr unvorteilhaft darauf erscheint. Besonders geschmacklose Fotos werden inzwischen von anderen über die TEILEN-Funktion weiterverbreitet und kursieren, zusammen mit ihrem Namen, als öffentliche Beiträge auf Facebook.

Abbildung 32:
Eine kleine Auswahl von Facebook-Gruppen (Suche nach Gruppen mit „dumme Schlampe" im Titel)

4.6.2 Was ist Cyber-Mobbing?

Mobbing ist, auch und gerade bei Jugendlichen, keine neue Erscheinung. Der Begriff *Cyber-Mobbing* bezeichnet die Erscheinungsformen des Mobbings im digitalen Lebensraum oder mit digitalen Hilfsmitteln, allen voran Internet und Handy. In den USA und England beschäftigt man sich mit dem Thema schon länger als in Deutschland, so dass sich der Begriff *Cyber-Bullying* inzwischen auch in Deutschland verbreitet hat. „Bullying" lässt sich am besten mit „Schikane" übersetzen, meint also aggressives Verhalten, das sich z.B. als Bloßstellung, Beleidigung, Bedrohung, Belästigung oder Nötigung ausdrücken kann. Als „Bully" bezeichnet man dabei den Täter.

Mobbing oder Bullying kann, offline wie online, ganz unterschiedliche Formen und Ausmaße annehmen. In besonders ernsten Fällen, wenn die Schikane systematisch und ausdauernd betrieben wird, kann auch von *Cyber-Stalking* gesprochen werden. Geht es um die Anbahnung sexueller Kontakte bzw. sexuelle Belästigung im Internet, so spricht man von *Cyber-Grooming*.

Inzwischen gibt es mehrere Studien zum Thema. Da der Begriff *Cyber-Mobbing* nicht eindeutig abzugrenzen ist, sind die Zahlen zur Verbreitung in den Studien nicht einheitlich. Deutlich wird aber über die Studien hinweg:

Der richtige Umgang mit Mobbing, Bullying und Stalking

- Beleidigungen und das Verbreiten von Gerüchten werden als häufigste Form genannt, wobei die Mehrheit der Fälle eher als minderschwer einzuordnen ist.
- Mitschüler werden am häufigsten als Täter genannt.
- Jugendliche mobben sich am häufigsten untereinander. Aber auch das Mobbing gegen Lehrer ist inzwischen verbreitet.
- Fremde spielen eher selten eine Rolle, meist kommt der Täter aus dem Umfeld des Opfers.
- Mindestens die Hälfte der Täter ist männlich.

Vieles ist nicht neu ...

Vieles ist beim Cyber-Mobbing nicht unähnlich dem Mobbing, das wir aus der Offline-Welt[7] kennen. Der Täter kommt meist aus dem Umfeld des Opfers, so dass man sich auch außerhalb des Internets kennt. Nicht selten geht das Mobbing sogar von vormals sehr nahen Menschen aus, zum Beispiel von Ex-Freundinnen oder Ex-Freunden.

Bisweilen verschwimmen die Grenzen zwischen einem (vermeintlich) arglosen Streich und ernsthafter Schikane. Häufig sind die Täter sich gar keiner Schuld bewusst, beginnen unbedacht, manchmal sogar unbeabsichtigt damit, jemanden zu ärgern („war doch nur Spaß"). Was harmlos anfängt, schaukelt sich hoch, wechselt zwischen Schulhof und Facebook und gewinnt eine eigene Dynamik, bei der später niemand mehr sagen kann, wann die Grenze zum Mobbing überschritten wurde. Natürlich gibt es daneben auch gezieltes boshaftes Mobbing. „Jemanden fertig zu machen" ist offline wie online ein verbreitetes Ziel im Mobbing unter Jugendlichen.

Auch bei den Motiven und Anlässen lässt sich das Cyber-Mobbing meist mit bekannten Mustern erklären. Dazu gehören unter anderem:

---

[7] Der Begriff „Offline-Welt" mag hier etwas eigentümlich wirken. Häufig wird als Gegenstück zur „virtuellen Welt" oder „Cyber-Welt" von der „echten Welt" oder der „realen Welt" gesprochen. Aber dieser Sprachgebrauch ist gefährlich. Auch Cyber-Mobbing ist ganz „echtes" Mobbing, auch Stalking im Internet ist durchaus „reales" Stalking.

Kapitel 4 – Probleme und Herausforderungen meistern

- **Entlastung**: Über Mobbing bauen die Täter Aggressionen ab, die manchmal gar nichts mit dem Opfer zu tun haben.

- **Anerkennung und Machtdemonstration**: Einen anderen schwach aussehen zu lassen, bedeutet für viele Täter, sich selbst als stark darzustellen. Wer eine andere Person fertig machen kann, wirkt in manchen Kreisen „stark", „cool" oder „männlich".

- **Gruppengefühl**: Indem man ein Opfer ausgrenzt, kann das Gemeinschaftsgefühl nach innen gestärkt werden, selbst wenn die Gruppe sich nur über den „gemeinsamen Feind" definiert. Auch zwischen Angehörigen unterschiedlicher Gruppen (z.B. Angehörige unterschiedlicher Schulklassen, Schulen, Sportvereine oder Ethnien) schlägt oft eine latente Spannung in Mobbing gegen Einzelne um.

- **Mitläufertum**: Gerade wenn die gemobbte Person als Außenseiter wahrgenommen wird, fällt es schwer, für diese Person Partei zu ergreifen, sich gar schützend vor sie zu stellen. Häufig beteiligen sich Mitläufer am Mobbing aus Angst, sonst nicht zur „stärkeren" Gruppe zu gehören, selbst ausgeschlossen und zum Opfer zu werden.

- **Freundschaften und Liebespaare**: Wenn wichtige Beziehungen zerbrechen, dann ist das (nicht nur) in der Jugend häufig mit besonderen Enttäuschungen oder Kränkungen verbunden. Die beendete Beziehung liefert nicht nur einen starken Beweggrund, sondern oft auch gute „Munition" für das Mobbing, denn das Opfer hat mit dem Täter häufig Privates und Intimes vertrauensvoll geteilt.

... manches ist aber doch anders

Auch wenn also das Mobbing online und offline nicht grundsätzlich unterschiedliche Sachverhalte sind, so gibt es doch einige Eigenschaften, die dem Mobbing online eine besondere Qualität geben:

- **Anonymität**: Der Täter kann online einfacher unerkannt bleiben. Das senkt sowohl die Hemmschwellen als auch die Vorbedingungen für eine Attacke. Alter, körperliche Stärke, Selbstbewusstsein etc. spielen aus der Anonymität keine Rolle für den

Der richtige Umgang mit Mobbing, Bullying und Stalking

Angriff, so dass auch „asymmetrische" Angriffe möglich sind, zum Beispiel die kleine Schülerin gegen den großen Schulleiter.

- **Rund um die Uhr**: Mobbing ist nicht mehr an einen Ort wie z.B. die Schule oder den Schulweg gebunden. Das Internet steht für Angriffe immer zur Verfügung und umgekehrt gibt es keinen Schutzraum, in den sich das Opfer zurückziehen könnte. Findet das Mobbing auf Facebook statt, kann das Opfer nur durch vollständige Abstinenz entkommen, aber selbst dann kann das Mobbing (gleichsam hinter dem Rücken) weitergeführt werden.

- **Geschwindigkeit und Reichweite**: Auf Facebook kann ein Angriff mit wenig Aufwand eine große Gruppe erreichen. Potenziell kann zum Beispiel eine öffentliche Bloßstellung sogar für die ganze Schule und die halbe Welt zugänglich gemacht werden.

- **Unüberschaubares Publikum**: Im Internet ist meist nicht klar, wer eigentlich welche Inhalte sehen kann und wer sie tatsächlich sieht. Damit wird das Publikum ebenfalls anonym. Weder Täter noch Opfer können die Reichweite abschätzen. Das gilt auch für den Zeitverlauf: Ein Inhalt wie zum Beispiel ein bloßstellendes Foto kann auch Jahre später wieder auftauchen, nachdem er schon in Vergessenheit geraten war.

- **Vermeintliche Konsequenzlosigkeit**: Die Folgen von Mobbing sind online nicht in der Form sichtbar wie in einer Situation, in der man einander gegenübersteht. Auch das senkt die Hemmschwellen für den Täter und seine Mitläufer, einem Opfer immer weiter zuzusetzen.

- **Eskalation**: Eine Folge der schlecht sichtbaren Konsequenzen einer Aktion ist häufig eine Eskalation. Missverständnisse bleiben online häufig bestehen, wenn offline alleine der Gesichtsausdruck des Gegenübers schon Anlass zum Innehalten gegeben hätte. So schaukeln sich online Missverständnisse oft in einer Spirale hoch, die in ernsthaften Auseinandersetzungen mündet.

Einordnung von Facebook

Cyber-Mobbing kann verschiedenste Formen annehmen. Anrufe oder SMS auf dem Handy gehören dazu. Die Schikane kann im Chatroom, per Instant Messenger oder E-Mails stattfinden. Oder

Kapitel 4 – Probleme und Herausforderungen meistern

es werden Bilder oder Videos verbreitet, auf denen das Opfer zum Beispiel in intimen oder in demütigenden Situationen zu sehen ist. Dazu gehört auch das sogenannte „Happy Slapping", bei dem ein Opfer geschlagen und dabei gefilmt wird. Gerade unter Jugendlichen ist auch die Verbreitung von manipulierten Bildern verbreitet, in denen zum Beispiel das Gesicht des Opfers in ein pornografisches Bild montiert wird („Photoshopping"). Eine andere Variante des Cyber-Mobbings ist der „Identitätsdiebstahl", bei dem sich ein Täter als das Opfer ausgibt und zum Beispiel Dritte beleidigt oder sich selbst als Anhänger bestimmter sexueller Neigungen ausgibt.

Abbildung 33:
Hassgruppen (hier ein Ausschnitt der Suchergebnisse mit den Suchbegriffen „pausenlos die Fresse")

Auch in sozialen Netzwerken wie Facebook gibt es verschiedene Varianten der geschilderten Mobbingmethoden. Besonders gängig sind hier darüber hinaus gehässige, verleumderische oder bedrohende Beiträge auf der Pinnwand des Opfers oder als Kommentar. Oder üble Nachreden oder Gerüchte werden auf Facebook gestreut. Auch für fiese Bilder oder Videos eignet sich Facebook gut. Aufwändiger und besonders folgenreich können Hassgruppen, gefälschte Profile oder gekaperte Benutzerkonten sein. Bei Hassgruppen handelt es sich um Facebook-Gruppen (vgl. Kap. 2.2.8 zur Funktion von Gruppen), die nur mit dem Ziel gegründet worden sind, darüber eine konkrete Person fertig zu machen. Der Identitätsdiebstahl kann zwei Formen annehmen: Entweder gibt sich der Täter in Form eines gefälschten Profils („Fake-Profile") als das Opfer aus. Oder

Der richtige Umgang mit Mobbing, Bullying und Stalking

der Täter bekommt das Facebook-Passwort des Opfers heraus und kann tatsächlich dessen Online-Identität annehmen.

Schon diese erste Übersicht zeigt, dass Facebook nur einen Ausschnitt der Möglichkeiten des Cyber-Mobbings darstellt. Die Schikane kann im Internet sehr unterschiedliche Formen annehmen. Ratschläge dazu füllen inzwischen ganze Bücher. Im Abschnitt 4.6.4 werden Anlaufstellen aufgeführt, die nicht nur speziell bei Facebook-Problemen, sondern allgemein bei Cyber-Mobbing Unterstützung bieten.

In einer Eigenschaft unterscheidet sich das Mobbing auf Facebook von den meisten anderen Formen: Jeder Inhalt auf Facebook ist eindeutig einem Absender zuzuordnen. Ob es sich um ein Bild, ein Video oder einen Kommentar handelt – immer ist der Beitrag mit einem Benutzerkonto verbunden. Natürlich muss dieser Benutzer nicht mit seinem echten Namen auftreten, aber die meisten Mobbingfälle stammen aus dem direkten Umfeld des Opfers, so dass der Täter weniger aus der Anonymität handeln kann als zum Beispiel am Handy, auf YouTube oder in Diskussionsforen. Die Kehrseite: Mobbing bei Facebook findet nicht an irgendwelchen „abgelegenen Orten" des Internets statt, an denen möglicherweise nur wenige oder nur fremde Menschen dieses wahrnehmen. Stattdessen findet das Mobbing an dem Ort statt, der für viele Opfer ein Zentrum des sozialen Lebens bildet, wo alle Freunde, vielleicht auch Geschwister oder Eltern, zu Zeugen werden können.

4.6.3 Reaktionen auf Cyber-Mobbing

Mobbing oder nicht Mobbing?

Im Umgang untereinander fassen Jugendliche sich nicht immer mit Samthandschuhen an. Vor diesem Hintergrund ist nicht jede kränkende Bemerkung gleich ein Fall für den Staatsanwalt. Sobald aber für das Opfer die eigenen Grenzen schmerzhaft überschritten sind und die Angriffe entweder über längere Zeit fortgesetzt werden oder damit zu rechnen ist, dass sie weiter anhalten werden, ist Handeln angesagt.

Kapitel 4 – Probleme und Herausforderungen meistern

Abbildung 34:
Eine unfreundliche Meinung, aber als Einzelfall kein Cyber-Mobbing

Generell empfiehlt sich eine abgestufte Reaktion, je nach Schwere des Angriffs. Drei Wege können unterschieden werden:

1. der Kontakt zum Täter, direkt oder mithilfe einer vermittelnden Person,
2. der Kontakt zu Facebook,
3. der Kontakt zu Anwalt oder Polizei.

In den meisten Fällen bietet die erste Möglichkeit den schnellsten und einfachsten Weg, um einen Mobbing-Vorfall wieder unter Kontrolle zu bringen. Wenn das nicht hilft oder das Mobbing sehr hart ausfällt (zum Beispiel bei Drohungen, Nacktbildern oder Ähnliches), müssen Facebook und/oder Anwalt oder sogar die Polizei eingeschaltet werden.

Vier grundsätzliche Regeln

So individuell das Mobbing sein kann, so individuell wird auch die Reaktion ausfallen. Es lassen sich aber einige Regeln für Opfer formulieren, die in den allermeisten Fällen zutreffen:

◆ **Die Sache ernst nehmen!** Spätestens wenn ein Kind seine Eltern um Hilfe bittet, ist die Lage für das Kind ernst. Wenn Eltern in diesem Fall die Sorgen des Kindes herunterspielen oder verniedlichen („das ist doch nur im Internet"), dann wird das in den seltensten Fällen dem Kind helfen. Schwieriger wird es, wenn Eltern einschlägige Aktivitäten entdecken, das Kind aber abwiegelt („das ist doch nur Spaß" oder „das ist doch normal"). Eltern können hier oft nicht einschätzen, ob es sich wirklich um einen schlechten Scherz handelt oder ob das Kind die Angelegenheit nur aus Angst herunterspielt. In diesem Fall kann ein vorschnelles Eingreifen von Erwachsenen für das Kind unangenehm sein („uncool", „petzen", „Muttersöhnchen"). Im Zweifelsfall müssen sich Eltern für die Sicherheit des Kindes entscheiden, aber ein genereller Rat kann dafür nicht gegeben werden.

Der richtige Umgang mit Mobbing, Bullying und Stalking

- **Nicht auf Facebook reagieren!** Häufig ist der erste Impuls, auf eine Beleidigung auf Facebook mit einer Gegen-Beleidigung zu antworten, ein demütigendes Bild mit einem bösen Kommentar zu versehen oder Ähnliches. Auch wenn es schwer fällt, sollten Sie und Ihr Kind darauf aus zwei Gründen unbedingt verzichten. Zum einen sind Reaktionen genau das, was der Täter provozieren will. Eine Reaktion kann dazu führen, dass der Täter sich bestätigt und für weitere Angriffe motiviert fühlt und dass die Sache für „Zuschauer" interessanter wird. Zum anderen eignet sich Facebook nicht zur Deeskalation. Im Gegenteil: Hier schaukeln sich Beiträge gegenseitig hoch und die Emotionen verschärfen sich mehr und mehr.

- **Nicht Facebook verbieten!** Eltern reagieren auf Facebook-Probleme häufig damit, dass sie ihrem Kind Facebook verbieten. Das kann in Einzelfällen richtig sein, um das Kind zu schützen. Manchmal wird es aber vom Opfer als zusätzliche Strafe empfunden und beschädigt das Vertrauensverhältnis zwischen Kind und Eltern. Überlegen Sie sich, ob ein Verbot dazu führt, dass Ihr Kind sich bei einem weiteren Mobbing-Fall in der Zukunft Ihnen eher anvertrauen würde oder ob es den Fall vor Ihnen verstecken würde. Eltern vernachlässigen bisweilen auch die positiven Funktionen, die Facebook für ihr Kind übernimmt. Hier kann das Kind auch Unterstützung durch Freunde, Zuspruch und Trost erhalten. Ein Verbot schneidet das Kind von diesen Möglichkeiten ab. Anders verhält es sich, wenn Eltern und Kind im Gespräch gemeinsam beschließen, dass ein Facebook-Verzicht eine sinnvolle Maßnahme ist.

- **Beweise sichern!** Sobald Eltern das Gefühl haben „jetzt wird es ernst", sollten sie anfangen, das Geschehen zu dokumentieren. Falls die Angelegenheit später doch bei einem Anwalt, bei der Polizei oder bei einem Vermittler landet, helfen Ihnen Belege für das, was bisher geschah. Am wichtigsten ist es, Inhalte von Websites für später aufzubewahren. Dafür ist es notwendig, ein Bildschirmfoto („Screenshot") zu erstellen. Wie das funktioniert, ist in Abschnitt 5.3 erläutert. Notieren Sie Datum und Uhrzeit von Geschehnissen. Holen Sie gegebenenfalls Zeugen hinzu, die später die Geschehnisse bestätigen können.

Kapitel 4 – Probleme und Herausforderungen meistern

4.6.4 Den direkten Kontakt oder einen Vermittler suchen

Hilfe ist oft näher, als man denkt

In den meisten Fällen lassen sich die Dinge wieder unter Kontrolle bringen, wenn sie offen angesprochen werden. Das kann in bestimmten Fällen sogar ein direkter Kontakt zum Täter sein, der bei Facebook ja meist identifizierbar ist. Häufig wird man im gemeinsamen Umfeld fündig, wenn man Autoritätspersonen oder Vermittler sucht. Es gibt inzwischen auf weiterführenden Schulen vermutlich keinen Schulleiter mehr, der nicht schon einmal mit einem Fall von Cyber-Mobbing zu tun hatte. Häufig reicht schon der Klassenlehrer, ein Vertrauens- oder Beratungslehrer aus. An vielen Schulen gibt es Streitschlichter, Sozialarbeiter oder Psychologen, die alle Erfahrungen in der Beratung und Vermittlung solcher Fälle haben sollten. An immer mehr Schulen wird auch die Funktion eines Anti-Mobbing-Beauftragten geschaffen, der in einschlägigen Situationen weiterhilft.

Wenn der Fall außerhalb der Schule passiert, so können andere Personen zuhören, helfen, vermitteln. Dazu gehören (echte) Freunde, Geschwister oder Erwachsene, denen man vertraut, zum Beispiel Sozialpädagogen in einem Jugendzentrum oder Betreuer/Trainer im Sportverein.

Informations- und Beratungsangebote

Inzwischen ist das Thema Cyber-Mobbing in Deutschland so verbreitet, dass es verschiedene Anlaufstellen gibt, die Informationen und Beratung zum Thema bieten. Zum *Safer-Internet-Programm* gehören in Deutschland unter anderem die beiden folgenden Angebote:

♦ die *Nummer gegen Kummer, www.nummergegenkummer.de,* auf deren Website Informationsmaterial und anonyme Beratungsmöglichkeiten sowohl für Kinder und Jugendliche (Telefon: 0800 111 0 333) als auch für Eltern (Telefon: 0800 111 0 550) angeboten werden,

♦ die Kampagne *klicksafe, die EU-Initiative für mehr Sicherheit im Netz,* die unter *www.klicksafe.de* umfangreiche Materialien für Kinder, Jugendliche, Eltern und Lehrer bereitstellt.

Der richtige Umgang mit Mobbing, Bullying und Stalking

Auch viele andere Websites informieren inzwischen zum Thema. Folgende Anlaufstellen können hervorgehoben werden:

♦ Einführende Informationen bietet die Website *www.mobbing-schluss-damit.de*. Dort findet sich auch eine ausführliche Liste mit weiteren Anlaufstellen zum Thema.

♦ Die Polizei bietet zwei Websites zum Thema: Auf *www.polizei-beratung.de* sind Fakten sowie Tipps für Opfer und Lehrer zusammengestellt. *time4teen.de* ist ein Angebot der polizeilichen Kriminalprävention, das sich speziell an Jugendliche richtet.

♦ Die Website *www.juuuport.de* richtet sich an Jugendliche und bietet sowohl ein Forum für den Austausch mit anderen Jugendlichen als auch Beratung durch ausgebildete Jugendliche („Juuuport Scouts").

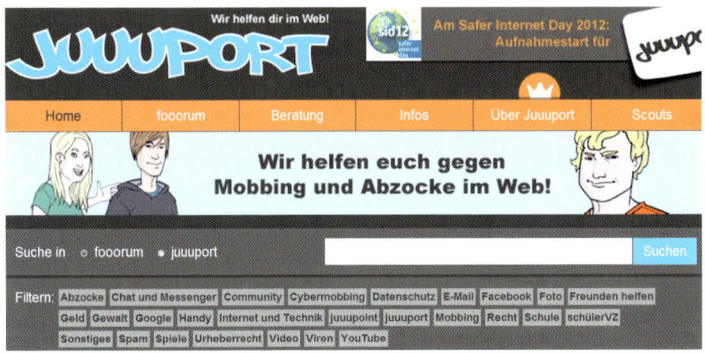

Abbildung 35: *Die Startseite von juuuport.de*

4.6.5 Bei Facebook löschen, blocken oder melden

Auf Facebook selbst gibt es vier Maßnahmen, die im Zusammenhang mit Cyber-Mobbing wichtig werden können:

♦ Man kann Inhalte wie Texte oder Fotos löschen oder von Facebook löschen lassen.

♦ Man kann Personen als Freund entfernen oder blockieren.

Kapitel 4 – Probleme und Herausforderungen meistern

- Man kann Inhalte oder Personen bei Facebook melden (auch wenn das nicht so einfach geht, wie es zunächst aussieht).

- Außerdem gibt es noch Maßnahmen für den Fall, dass der Täter sich als das Opfer ausgibt oder dessen Konto gekapert hat.

Inhalte löschen (lassen)

Beim Cyber-Mobbing auf Facebook geht es meist um Inhalte, die auf Facebook veröffentlicht sind und die das Opfer dort „wieder rausbekommen" will. Das geht ganz einfach, wenn der Inhalt auf der eigenen Pinnwand veröffentlicht wurde. In diesem Fall klickt man auf den eigenen Namen (auf der Startseite oben links, unter dem Facebook-Logo), um zur eigenen Chronik zu gelangen. Sobald man den Mauszeiger über einem Beitrag positioniert, wird in der oberen rechten Ecke des Beitrags ein Bleistift eingeblendet. Beim Klick auf dieses Symbol erscheint ein kleines Menü, in dem unter anderem Aus der Chronik entfernen und Löschen gewählt werden kann. Achtung, nur mit Löschen wird der Beitrag auch wirklich gelöscht! Aus der Chronik entfernen blendet den Beitrag nur in der Gesamtübersicht der eigenen Aktivitäten aus, er kann aber unter Umständen weiterhin in den Neuigkeiten der Facebook-Freunde auftauchen.

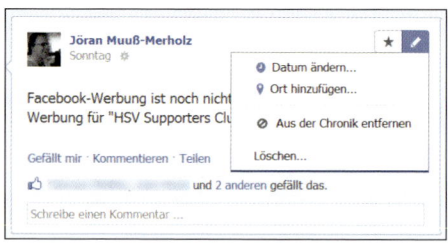

Abbildung 36:
Nach einem Klick oben rechts öffnet sich das Menü zum Bearbeiten eines Beitrags.

Generell gilt: Auf der eigenen Chronik ist man selbst Hausherr und kann alle Beiträge löschen, egal, ob man selbst oder eine andere Person sie dort gepostet hat. Außerdem lässt sich über die Optionen zur Privatsphäre auch einstellen, dass niemand sonst auf der eigenen Pinnwand schreiben darf (siehe Kapitel 3.4).

Schwieriger wird es, wenn auf der eigenen Pinnwand ein Foto erscheint, auf dem man zwar markiert ist, was aber von einer anderen Person eingestellt wurde. Bilder mit Markierungen erscheinen zwar auf der eigenen Pinnwand, sind aber bei einer anderen

Der richtige Umgang mit Mobbing, Bullying und Stalking

Person gespeichert. Hier kann man zunächst nur die Markierung entfernen, wodurch das Bild nicht mehr auf der eigenen Pinnwand angezeigt wird. Aber das Bild ist dennoch im Fotoalbum derjenigen Person zu sehen, die das Bild eingestellt hat. In diesem Fall muss das Bild beanstandet bzw. gemeldet werden. Details zum Umgang mit Bildern der eigenen Person finden sich in Kapitel 4.3.

Das Gleiche gilt, wenn ein Beitrag von einer anderen Person an einem anderen Ort veröffentlicht wurde. Man kann diesen Beitrag nicht direkt löschen, sondern ihn nur bei Facebook melden. Auch hierfür findet sich bei jedem Beitrag oben rechts ein kleines Symbol, das bei fremden Beiträgen noch unscheinbarer ist als bei eigenen Inhalten. Das Symbol erscheint erst, wenn der Mauszeiger über dem entsprechenden Beitrag ruht. Je nach Anzeige wird das Symbol eines Pfeils nach unten oder als Kreuz angezeigt.

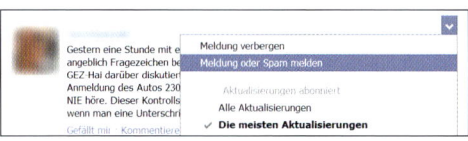

Abbildung 37:
Einen Beitrag melden – Ansicht in den eigenen Neuigkeiten

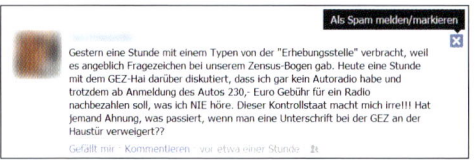

Abbildung 38:
Einen Beitrag melden – Ansicht in der Chronik des Absenders

Einen Beitrag zu melden, ist bei Facebook leider meist nicht das, was man sich gängigerweise darunter vorstellt. Was beim Nutzen der Funktion EINEN INHALT MELDEN passiert, ist in Kapitel 4.3.10 ausführlich beschrieben. Wie man EINE PERSON MELDEN kann, wird weiter unten beschrieben. Zuvor widmet sich der nächste Abschnitt der Frage, wie man den weiteren Kontakt zum Täter unterbinden kann.

Eine Person als Freund entfernen oder blockieren

In vielen Fällen ist es eine einfache, aber hilfreiche Maßnahme, die belästigende Person einfach aus dem eigenen Freundeskreis auf Facebook auszuschließen. Dazu gibt es zwei Mittel. Zum einen kann eine Freundschaft bei Facebook, sofern sie besteht, einfach wieder beendet werden. Damit nimmt das Opfer dem Gegenüber

Kapitel 4 – Probleme und Herausforderungen meistern

zum Beispiel die Möglichkeit, an die Pinnwand des Opfers zu schreiben oder die Beiträge des Opfers zu lesen – entsprechende Einstellungen zur Privatsphäre vorausgesetzt.

Außerdem kann man eine Person blockieren, so dass Opfer und Täter auf Facebook gegenseitig quasi unsichtbar werden. Wie man eine Freundschaft beendet oder eine Person blockiert, ist in Kapitel 4.5 beschrieben.

Je nachdem, wie der Mobbing-Fall gelagert ist, kann das Blockieren des Täters aber auch kontraproduktiv sein. Denn damit macht das Opfer nicht nur die eigenen Inhalte für den Täter unsichtbar, sondern umgekehrt kann das Opfer auch die Beiträge des Täters nicht weiter verfolgen. Wenn damit zu rechnen ist, dass der Täter das Mobbing auch hinter dem Rücken des Opfers fortsetzen wird, dann muss abgewogen werden, ob es nicht wichtiger ist, dass man diese Aktivitäten weiter verfolgen und dokumentieren kann.

Eine Person melden

An verschiedenen Stellen bietet Facebook an, eine Person zu MELDEN. Bei MELDEN denkt man vielleicht erst einmal, dass eine entsprechende Meldung an Facebook geschickt wird und dass es dort Menschen gibt, die sich darum kümmern. Weit gefehlt! Die „Meldung" führt bei Facebook zu Mechanismen und Funktionen, die vor allem eines gemeinsam haben: Bei Facebook muss sich kein Mensch darum kümmern.

Im Folgenden dokumentieren wir so eine „Meldung" an einem Beispiel.

Schritt 1: Auf dem Profil eines anderen Nutzers wählt man oben links die Funktion MELDEN/BLOCKIEREN. Dort kann man im unteren Bereich den Grund für eine „Meldung" angeben. Klickt man zum Beispiel auf „MEIN/E FREUNDIN NERVT MICH", so bekommt man von Facebook einfach nur den Hinweis: *„Erfahre in unserem Sicherheitsbereich für Familien mehr über den Umgang mit Belästigungen."*

Wählt man stattdessen den Punkt EINER MEINER FREUNDE BELÄSTIGT ODER SCHIKANIERT MICH, zeigt Facebook den in Abbildung 40 dargestellten Dialog.

Der richtige Umgang mit Mobbing, Bullying und Stalking

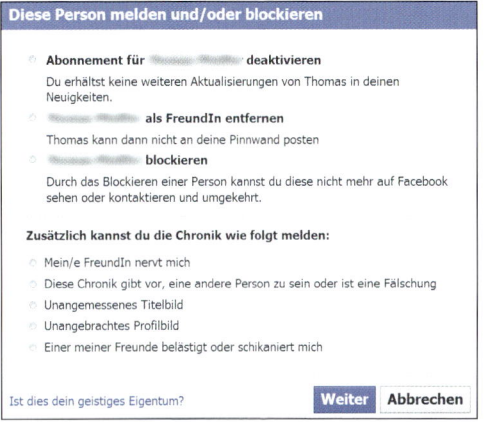

Abbildung 39:
Einen anderen Nutzer „melden" – Schritt 1

Abbildung 40:
Einen anderen Nutzer „melden" – Schritt 2

Schritt 2: Der Nutzer hat also zunächst die Möglichkeit, „eine örtliche Dienststelle" zu kontaktieren. Damit ist vermutlich die Polizei gemeint. Zweitens kann die Person blockiert werden (vgl. Abschnitt „Entfreunden und Blockieren"). Darüber hinaus steht eine weitere Option zur Auswahl: ERHALTE HILFE VON EINER AUTORITÄTSPERSON ODER EINEM ZUVERLÄSSIGEN FREUND. Setzt man hier einen Haken, wird man von Facebook auf eine vorgefertigte Nachricht weitergeleitet, wie sie auf Abbildung 41 zu sehen ist.

Abbildung 41:
Einen anderen Nutzer „melden" – Schritt 3

Kapitel 4 – Probleme und Herausforderungen meistern

Der belästigte Nutzer kann hier also eine Person seines Vertrauens hinzuziehen. Diese Person bekommt dann eine Nachricht so zugestellt, wie Abbildung 42 zeigt.

Abbildung 42:
Einen anderen Nutzer „melden" – Schritt 4

Die Formulierung „vermeintliche" Schikane ist entweder ein schlimmer Übersetzungsfehler von Facebook oder eine schlimme Unterstellung von Facebook. Davon abgesehen lernen wir an dieser Stelle grundsätzlich: Facebook bietet keine direkte Hilfe an, sondern höchstens „Hilfe zur Selbsthilfe". Der belästigte Nutzer wird aufgefordert, sich selbst eine helfende Person zu suchen. Die helfende Person wird aufgefordert, sich selbst über mögliche Gegenmaßnahmen zu informieren. Mehr noch: Der helfenden Person wird ungefragt mit dem letzten Satz auch die Verantwortung für „die Sicherheit aller Beteiligten" aufgebürdet.

Nun lässt sich darüber streiten, ob Facebook hier unverantwortlich handelt oder im Sinne einer guten Lösung die Zuständigkeit möglichst „vor Ort" belassen will. Tatsache ist: In diesem Fall ist von Facebook selbst keine Hilfe zu erwarten!

Identitätsdiebstahl: Jemand gibt sich als man selbst aus

Eine besonders perfide Methode des Cyber-Mobbings ist der sogenannte Identitätsdiebstahl. Dabei gibt sich der Täter als eine andere Person aus und verbreitet zum Beispiel Gerüchte und Lügen, die vom Opfer selbst zu stammen scheinen. Bei Jugendlichen geht es hier oft um vermeintliche sexuelle Vorlieben oder um Beschimpfungen von Dritten. Um in die Haut des anderen zu schlüpfen, bieten sich dem Täter zwei Wege:

Der richtige Umgang mit Mobbing, Bullying und Stalking

Der erste Weg: Der Täter kann ein Benutzerkonto unter dem Namen des Opfers anlegen. Sobald das Opfer darauf aufmerksam wird, sollte es die dafür vorgesehene „melde"-Funktion bei Facebook nutzen. Dafür ruft man das falsche Profil auf und klickt ganz oben rechts auf das Zahnrad, wählt MELDEN / BLOCKIEREN und anschließend DIESES PROFIL GIBT VOR, JEMAND ZU SEIN ODER IST GEFÄLSCHT.

Facebook sagt zu, dass alle diese Meldungen geprüft würden. Wichtig: Facebook bietet keine Möglichkeit, ein gefälschtes Profil zu melden, ohne dass das richtige Profil der betroffenen Person angegeben wird. Wenn also jemand Opfer eines Identitätsdiebstahls wird, der selbst gar nicht auf Facebook angemeldet ist, dann muss das Opfer sich nach Facebooks Logik zunächst selbst bei Facebook anmelden, um die Beschwerde einreichen zu können.

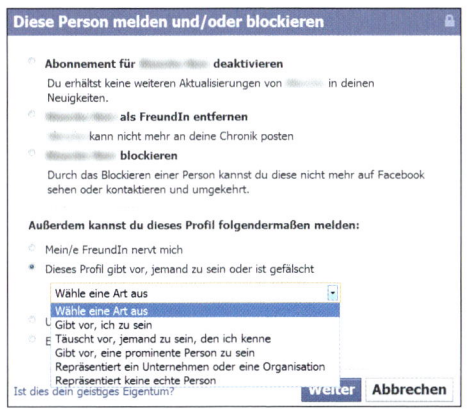

Abbildung 43:
Meldung an Facebook: Diese Person gibt vor, ich zu sein.

Alternativ bleibt der herkömmliche Weg: Alle Hinweise an Facebook lassen sich auch auf Papier an Facebook schicken.

> **HINWEIS:** Die Postadresse von Facebook Europa lautet: Facebook Ireland Limited, Hanover Reach, 5-7 Hanover Quay, Dublin 2 Ireland.
>
> Auch wenn die Adresse in Irland angesiedelt ist, muss der Brief nicht auf Englisch verfasst sein.

Kapitel 4 – Probleme und Herausforderungen meistern

Die zweite und noch schlimmere Variante des Identitätsdiebstahls tritt auf, wenn der Täter Zugang zum echten Konto des Opfers erlangt. Das in den Medien gerne besprochene „Hacking" ist dabei im Alltag unspektakulär. In den allermeisten Fällen bekommen die Täter das Passwort ihres Opfers nicht durch spezielle Kenntnisse der Informatik oder Programme zum Ausspähen eines Passworts, sondern durch viel einfachere Methoden: Häufig hat das Opfer das Passwort selbst mit anderen geteilt, es hat sich beim Eintippen über die Schulter gucken lassen oder einfach ein schwaches Passwort gewählt, das man erraten konnte. Wer in den Besitz des Facebook-Passworts einer anderen Person gelangt, hat vielfältige und mächtige Möglichkeiten zum Missbrauch. Er kann unter dem Namen des Opfers Inhalte öffentlich im Internet posten, er kann Nachrichten an Freunde schicken oder an deren Pinnwand schreiben. Außerdem bieten viele Websites im Internet inzwischen mit „Facebook-Connect" die Möglichkeit, sich bei ihnen mit dem Facebook-Account anzumelden. So kann ein Täter also auch auf Websites jenseits von Facebook sein Unwesen treiben. (Im Kapitel 5.3 finden Sie Hinweise, wie Sie sich selbst ein sicheres Passwort wählen können.)

Abbildung 44: *Das Passwort zurücksetzen, nachdem ein Konto kompromittiert wurde*

Was tut man in so einem Fall? Hier ist Eile geboten. Wenn der Täter das Passwort noch nicht geändert hat, so lässt sich das Konto „zurückholen", in dem man sich selbst bei Facebook einloggt und

Der richtige Umgang mit Mobbing, Bullying und Stalking

das Passwort ändert. Ab sofort hat der Täter keinen Zugriff mehr. Was aber, wenn der Täter selbst schon das Passwort geändert hat? Dann wird man von seinem eigenen Facebook-Konto ausgesperrt. Für diesen Fall hat Facebook die Funktion KOMPROMITTIERTES KONTO MELDEN vorgesehen. Über die Adresse *www.facebook.com/hacked* gelangt man zu einer Möglichkeit, das Passwort von Facebook ändern und an die eigene E-Mail-Adresse schicken zu lassen.

Nachdem man wieder die Kontrolle über das eigene Konto erlangt hat, stehen „Aufräumarbeiten" an. Man muss sichten, welche Beiträge oder Nachrichten der Täter veröffentlicht hat, und diese umgehend löschen bzw. bei den Empfängern für Aufklärung sorgen.

4.6.6 Rechtliche Schritte

Nun kann es passieren, dass Klärungsversuche auf direktem Weg oder über Vermittler nicht weiterhelfen und dass auch Facebook keine Lösung anbietet. Wenn das Mobbing hartnäckig fortgesetzt wird oder besonders ernsthafte Formen annimmt, dann braucht es den Beistand eines Rechtsanwalts. Mit einem Juristen stehen Ihnen verschiedene Möglichkeiten offen, von der Abmahnung und der Unterlassungserklärung über die Unterlassensklage bis zur einstweiligen Verfügung. Hier muss jeder Fall einzeln betrachtet werden, was nicht im Rahmen eines Buchs, wohl aber mit Hilfe eines Anwalts geschehen kann.

4.6.7 Stalking oder Grooming – ein Fall für die Polizei

Es gibt selbstverständlich auch Fälle des Cyber-Mobbings, in denen Vermittlungsgespräche oder Meldungen bei Facebook nicht ausreichen. Bei Drohung, Erpressung, Nötigung, sexueller Belästigung (Stichwort „Grooming") oder Stalking sollte man nicht zögern, sofort die Polizei einzuschalten. Jede Polizeidienststelle nimmt entsprechende Meldungen bzw. Anzeigen entgegen und auch hier gilt: Ein solcher Fall ist für Sie (hoffentlich) eine Ausnahme, aber die zuständigen Beamten sollten sich damit auskennen und wissen, was in der jeweiligen Situation zu tun ist.

Kapitel 4 – Probleme und Herausforderungen meistern

4.7 Nazis und Spam, Hassreden und Pornos – die dunklen Ecken im Netz

4.7.1 Was ist schlimmer: Muttermilch oder Blut?

Es gibt Dinge, die will man nicht sehen. Nicht zu Hause, nicht in der Fußgängerzone, nicht am Hauptbahnhof und auch nicht auf Facebook. Und es gibt Dinge, die sind verboten. Auch die will man weder auf noch neben Facebook haben. Facebook steht nun vor der großen Herausforderung, unter seinem Dach dafür zu sorgen, dass unerwünschte oder verbotene Inhalte nicht auftauchen bzw. gelöscht werden. Das ist schwierig, nicht nur weil jeden Tag Milliarden (!) Inhalte dort neu erscheinen, von Fotos über Status-Updates bis zu Kommentaren. Besonders schwierig ist für Facebook, Moral und Gesetz verschiedener Länder und Kulturen zu berücksichtigen. Und dann gibt es auch noch verschiedene Altersstufen. Was für einen 18-Jährigen geeignet ist, muss es für einen 13-Jährigen noch lange nicht sein.

Das führt teilweise zu skurrilen Ergebnissen. Zwei Beispiele: Sollte ein Foto gelöscht werden, auf dem eine tiefe Fleischwunde und viel Blut zu sehen ist? Und wie steht es um Nacktheit, zum Beispiel bei einem Foto einer stillenden Mutter, auf dem ihr Busen zu sehen ist? Nach Facebooks Richtlinien wird nur eines der beiden Fotos gelöscht, wenn es gemeldet wird. In diesem Kapitel erfahren Sie, welches Foto.

4.7.2 Jugendgefährdende Inhalte im Internet

Im Internet gibt es alles. Das gilt auch für Gemeinheiten und Gefahren, Verführungen und Verbrechen, die dunklen Seiten des Lebens. Zu den „Klassikern" der jugendgefährdenden Inhalte gehören Pornografie, Kinderpornografie, Darstellung von Gewalt, politischer Extremismus und Inhalte, die zur Selbstgefährdung aufrufen.

- Zu den extremistischen Inhalten gehören zum Beispiel Propaganda von Links- oder Rechtsextremisten, Aufruf zu Antiziganismus und Antisemitismus, religiös begründeter oder sonstiger Fundamentalismus. Kurz: alle Inhalte, die nicht mit unserer Verfassung vereinbar sind.

Die dunklen Ecken im Netz

- Zu den Selbstgefährdungen gehören vor allem exzessiver Alkoholkonsum oder Drogenkonsum, Würgen, Ritzen, Essstörungen oder Suizidversuche.

- Außerdem gibt es noch Inhalte, die nicht immer verboten, aber für Kinder und Jugendliche nicht geeignet oder nicht erlaubt sind. Dazu gehören zum Beispiel Glücksspiele, bestimmte Formen der Werbung und halblegale Angebote am Rande der Kriminalität.

- Und schließlich gibt es noch die „ganz normale" Kriminalität, zum Beispiel Betrugsversuche.

Wenn sie nicht zufällig fachspezifische Juristen sind, können Eltern nicht immer einordnen, welche Inhalte im Internet eindeutig illegal oder jugendgefährdend sind und welche nur geschmacklos oder unerfreulich. Im Zweifelsfall müssen sie das auch nicht, denn sie können sich damit an entsprechende Spezialisten wenden.

> **TIPP:** Auf www.jugendschutz.net kann jeder jugendgefährende Inhalte melden, auf Wunsch auch anonym. Wenn die gemeldete Webseite jugendgefährdende Inhalte enthält, wird der Betreiber der Website oder der Betreiber des Servers, auf dem der Inhalt gespeichert ist, ermittelt und kontaktiert.

Abbildung 45: *Die Beschwerdestelle jugendschutz.net*

165

Kapitel 4 – Probleme und Herausforderungen meistern

4.7.3 Alles sauber auf Facebook? Was gelöscht wird und was nicht

Facebooks schöne neue Welt

Die gute Nachricht lautet: Auf Facebook gibt es tendenziell weniger dunkle Ecken als im offenen Internet. Das liegt daran, dass Facebook selbst danach strebt, eine möglichst saubere Umgebung zu gewährleisten – natürlich nicht aus uneigennützigen Motiven. Wenn es zu viele schmutzige oder gefährliche Ecken gäbe, würden unter Umständen Eltern ihren Kindern Facebook verbieten oder selbst Facebook den Rücken kehren. Und Facebook braucht ja die Mitglieder und deren Daten, um weiter Werbung verkaufen zu können.

Die schlechte Nachricht: Facebook legt teilweise recht eigenwillige Kriterien an, was erlaubt ist und was nicht. Und diese Kriterien macht Facebook auch nur begrenzt zugänglich. Zwar gibt es DIE FACEBOOK-GRUNDSÄTZE, die unter *www.facebook.com/principles.php* zu finden sind, und die ERKLÄRUNG DER RECHTE UND PFLICHTEN, zu finden unter *www.facebook.com/legal/terms*. Aber hier bleibt Facebook im Ungefähren.

> **TIPP:** Lesen Sie einmal gemeinsam mit Ihrem Kind die ERKLÄRUNG DER RECHTE UND PFLICHTEN. Fragen Sie sich und Ihr Kind zu jedem Punkt, ob Sie verstehen, was gemeint ist, und was Sie davon halten.

Was ist erlaubt und was ist verboten?

Facebook prüft Inhalte nicht, bevor sie veröffentlicht werden. Stattdessen werden Prüfer erst dann aktiv, wenn ein Inhalt von einem anderen Nutzer gemeldet wurde. (Da die meldende Person in aller Regel von Facebook keine Rückmeldung erhält, ist nicht klar, ob wirklich jede Meldung geprüft wird, oder ob die entsprechenden Programme so eingestellt sind, dass ein Inhalt erst von mehreren verschiedenen Nutzern gemeldet werden muss.) Im

Die dunklen Ecken im Netz

Februar 2012 tauchte im Internet ein Handbuch auf, das sich an Mitarbeiter richtet, die als sogenannte „Moderatoren" gemeldete Inhalte sichten und entscheiden, was gelöscht wird und was nicht.[8]

Das Handbuch werde, so steht es darin, ständig aktualisiert und angepasst. In der Version vom Februar 2012 wurde zum Beispiel geändert, dass Flaggen von Kurdistan zu dulden, aber Flaggen der Arbeiterpartei Kurdistans PKK zu löschen seien. Einige weitere Details aus den langen Listen des Handbuchs:

♦ Nacktheit ist auf Gemälden okay, in Cartoons nicht.

♦ Marihuana darf gezeigt werden, solange es nicht im Kontext von Verkauf, Kauf oder Anbau zu sehen ist.

♦ Fotos von Kindern in Unterwäsche und von stillenden Müttern sollen gelöscht werden.

♦ Manipulierte Fotos gehören gelöscht, wenn sie die abgebildete Person „in einem schlechten Licht" erscheinen lassen.

♦ Hassreden sind verboten. Aber nicht, wenn sie lustig gemeint sind.

♦ Fotos von inneren Organen sollen gelöscht werden, tiefe Fleischwunden und viel Blut sind okay.

♦ Beschreibungen von sexuellen Aktivitäten gehören nicht auf Facebook. Ausnahme: Sie sind als Humor oder Beleidigung einer Person zu erkennen. (Im Falle einer Beleidigung könnte der Beitrag aber gelöscht werden, wenn die beleidigte Person selbst ihn als „Cyber-Mobbing" einreicht.)

Man sieht also: Die Werte von Facebook sind teilweise eher US-amerikanisch geprägt, teilweise der Suche nach dem kleinsten gemeinsamen Nenner geschuldet und zum Teil auch eher skurril als nachvollziehbar.

---

8   *Abuse Standards 6.2 - Operation Manual, www.scribd.com/gawker/d/81877124-Abuse-Standards-6-2-Operation-Manual* Laut Medienberichten ist das Dokument von einem Moderator aus Marokko veröffentlicht worden, der dort für ein von Facebook beauftragtes Unternehmen für einen Stundenlohn von 1 Euro arbeitete.

Kapitel 4 – Probleme und Herausforderungen meistern

4.7.4 Nazis und andere Extremisten

Auch Extremisten sind auf Facebook

„Es gibt sie auch auf Facebook: Nazis, Faschos, Arschgeigen" – so der einleitende Text eines häufig angeklickten YouTube-Videos gegen Rechts. Auch auf Facebook betreibt die rechtsextreme NPD eine Fanpage. Wer z.B. den Holocaust auf Facebook leugnet, macht sich zwar in Deutschland strafbar, aber eine effektive Verfolgung ist bei einem Unternehmen mit Sitz im Ausland nicht immer einfach. Genauso gefährlich wie solche platten und leicht erkennbaren extremistischen Inhalte sind Inhalte, die Sie oder Ihr Kind nicht auf den ersten Blick als extremistisch erkennen können, die aber als Türöffner funktionieren und in eine extreme Welt „einladen" sollen.

Hier gilt es, wachsam zu sein und ein Auge darauf zu werfen, mit welchen Freunden sich Ihr Kind – nicht nur auf Facebook – umgibt und welche Aussagen Ihr Kind – auch wiederum nicht nur auf Facebook – von sich gibt.

Wie kann man – ohne es zu wollen – „aus Versehen" mit extremistischen Inhalten auf Facebook in Kontakt kommen?

Die eigene Pinnwand besteht ausschließlich aus den eigenen Postings und denen von Freunden und Fanpages, bei denen man auf GEFÄLLT MIR geklickt hat. Wenn allerdings unter einem Posting der Freund eines Freundes einen Kommentar hinterlässt, sieht man das in der Regel schon, ohne dass man direkt befreundet ist – ein gemeinsamer Freund und das gleichzeitige Kommentieren dessen Statusmeldung reicht aus. Je nachdem, wie groß der Facebook-Freundeskreis ist und wie vertrauenswürdig er (den Eltern) erscheint, ist es wahrscheinlicher oder nicht, mit extremistischem Gedankengut – ohne es zu wollen – in Kontakt zu kommen. Ist Ihr Kind schon gefährdet bzw. hat es Freunde aus dem rechten oder extremistischen Milieu, ist eine Ansprache Ihres Kindes über Facebook für rechte Anwerber also einfacher.

Es ist nicht immer leicht, extremistisches Gedankengut auf Anhieb als solches zu erkennen. Es gibt auf Facebook einige Seiten, die die „Todesstrafe für Kinderschänder" fordern. Diese Forderung und der Begriff „Kinderschänder" wird z.B. häufig von Rechten benutzt, weil sie ihn für anschlussfähig an die Mehrheitsgesellschaft

Die dunklen Ecken im Netz

halten. Es bedarf etwas Übung und genauen Hinsehens, solche Seiten als das zu entlarven, was sie sind: Lockvogelangebote der extremistischen Szene. Oft hilft es, sich den Info-Bereich der Seite anzusehen und einen Blick darauf zu werfen, welche anderen Seiten favorisiert werden, wer die anderen Fans sind und welche Statusmeldungen bisher gepostet wurden und auf welche externen Webseiten verlinkt wurde.

Das Unternehmen Facebook legt das Recht auf freie Rede bisweilen weiter aus, als das Eltern von Teenagern manchmal tun. So ist es unwahrscheinlich, dass die bereits angesprochenen Seiten wie „Todesstrafe für Kinderschänder" von Facebook automatisch gelöscht werden. Man muss sich also in jedem Einzelfall selbst die Frage stellen, ob sich das eigene Kind in einem solchen Umfeld bewegen soll oder nicht.

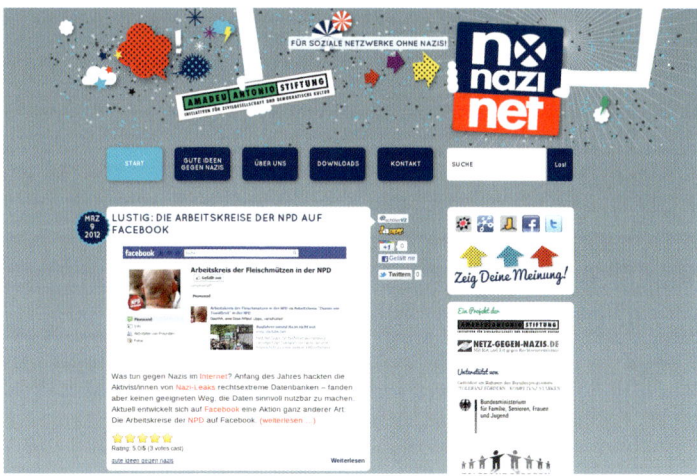

Abbildung 46: *Das Projekt „No-Nazi.net" bietet Hilfe im Umgang mit Nazipropaganda in sozialen Netzwerken.*

Ist man sich bei einer Seite nicht ganz sicher, vor welchem gedanklichen Hintergrund sie steht, kann man auch eine Art „Testballon" starten, am besten mit dem eigenen Account eines Erwachsenen oder mit einem eigens dafür eingerichteten Test-Account. Hinterlassen Sie auf einer solchen Seite z.B. den folgenden Kommentar:

SCHEINT HIER EINE NAZISEITE ZU SEIN. KEIN FUSSBREIT DEN FASCHISTEN!

Kapitel 4 – Probleme und Herausforderungen meistern

Aus der Reaktion auf solch einen Kommentar kann man meist recht leicht schließen, welch Geistes Kind die Fans dieser Seite sind. Übrigens kann man nicht bei allen Seiten Kommentare auf der Pinnwand hinterlassen, ohne vorher auf den Gefällt mir-Button zu klicken.

Sind Sie auf eine Seite gestoßen, deren Inhalt in Ihren Augen extremistisch ist und auf Facebook nichts verloren hat, können Sie die Seite über den Melden-Button auch bei Facebook „anzeigen".

Der beste Schutz für Ihr Kind, nicht in die Fänge von Extremisten auf Facebook zu gelangen, ist es, es auch außerhalb von Facebook stark zu machen gegen Anwerbeversuche von radikalen Gruppen. Die Wahrscheinlichkeit, völlig unvermittelt auf radikale Propaganda auf Facebook zu stoßen, ohne entsprechende Facebook-Kontakte zu haben, ist relativ gering. Wenn extremistisches Gedankengut allerdings schon Thema auf dem Pausenhof oder im größeren Freundeskreis ist, lohnt sich ein gemeinsamer Blick, in welchen Facebook-Gruppen Ihr Kind unterwegs ist und welche Fanpages es „liked".

> **HINWEIS:** Die Überlegungen, die in diesem Abschnitt zu Rechtsextremisten angestellt werden, lassen sich selbstverständlich auch auf andere extremistische Gruppierungen übertragen.

4.7.5 Für Rechts- und Notfälle

In Extremsituationen kann es notwendig sein, dass Facebook nicht erst nach dem Ausfüllen von Formularen und möglicherweise wochenlanger Wartefrist reagiert. Hierfür hat Facebook eine gesonderte Abteilung, genannt Facebook Security, Law Enforcement Response Team. Hier können Strafverfolgungsbehörden Unterlagen anfordern oder Facebook kontaktieren, wenn zum Beispiel ein Leben in Gefahr ist. Denkbar ist beispielsweise, dass ein Mensch auf Facebook seinen Selbstmord oder eine schwere Straftat ankündigt.

Die dunklen Ecken im Netz

Wichtig: Facebook beantwortet solche Anfragen nur, wenn sie von autorisierter Stelle kommen. Facebook fasst darunter Strafverfolgungsbehörden, Rechtsanwaltskanzleien und Regierungsbehörden. Ein „normaler Bürger" kann sich auch in Extremsituationen nicht direkt an Facebook wenden.

> **HINWEIS:** In Notfällen wenden Sie sich nicht an Facebook, sondern direkt an die Polizei! Nur die kann bei Facebook Informationen anfordern oder die Löschung von Inhalten beantragen! Im Zweifelsfall geben Sie Strafverfolgungsbehörden oder Juristen diesen Link: *www.facebook.com/safety/groups/law/guidelines/*.

4.7.6 Werbung

Spam

Unter *Spam* versteht man unverlangt zugeschickte bzw. besonders aufdringliche Werbung im Internet. Auch hier gibt es größere Probleme jenseits von Facebook als bei Facebook selbst. Das liegt zum einen daran, dass Facebook-Nutzer einstellen können, dass nur Freunde ihnen Nachrichten senden und auf ihre Pinnwand schreiben können. Damit ist unverlangte Werbung eher selten.

Auch sonst sucht man sich auf Facebook selbst aus, wessen Inhalte man zu sehen bekommt. Im eigenen Nachrichtenstrom sind ja ausschließlich Meldungen von Personen, mit denen man sich befreundet hat, Seiten, die man abonniert hat, oder Gruppen, deren Mitglied man geworden ist.

Zwar kann auf einer Seite oder in einer Gruppe jemand in einem Kommentar Werbung machen, zum Beispiel indem er einen Link zu einer anderen Website einbaut. Allerdings ist auch hier massenhafte Werbung in den allermeisten Gruppen eher selten. (In einigen wenigen Gruppen gibt es das Phänomen dennoch, aber diese Gruppen gehören in der Regel zu den zwar nicht illegalen, aber auch nicht gerade besonders pädagogisch-wertvollen Gruppen.) Für alle Fälle hat Facebook schon mal bei jedem Kommentar einen kleinen Haken in der oberen rechten Ecke eingebaut, über den man einen Kommentar als Spam melden kann.

Kapitel 4 – Probleme und Herausforderungen meistern

Abbildung 47: *Werbung in einem Kommentar lässt sich oben rechts als Spam markieren.*

Allerdings sind Zweifel berechtigt, ob die Funktion „ALS SPAM MARKIEREN" tatsächlich zu etwas führt. In einem Facebook-internen Handbuch gibt es einen Vermerk, wie mit solchen Meldungen umzugehen ist:

> At the moment, we ignore all spam posts and photos unless clear and obvious visual and verbal violations are visible in the post. Ignore porn links unless the url is sexually descriptive.

Frei übersetzt: Facebook kümmert sich überhaupt nicht um die Spam-Meldungen, wenn darin „nur Spam" und nicht zusätzlich ein anderes Problem (z.B. sexuelle Begrifflichkeiten) zu sehen ist.

Anwendungen/Spiele

Eine von vielen Nutzern als sehr nervig empfundene Form von „Spam" schleicht sich in die normalen Neuigkeiten des Nutzers ein. Sie stammt von Anwendungen wie zum Beispiel Spielen. Wenn ein Nutzer eine solche Anwendung nutzt, erteilt er der Anwendung zu Beginn bestimmte Rechte. Dazu kann zum Beispiel gehören, dass die Anwendung unter seinem Namen an die Pinnwände von Freunden schreibt. Daraus entsteht dann zum Beispiel der Fall, dass bei allen Freunden von Petra ein solcher Eintrag an der Pinnwand erscheint: *„Hallo Paula! Petra spielt gerade das Super-Süß-Katzen-Spiel. Komm dazu, dann bekommst Du auch eine super-süße Katze gratis von Petra geschenkt!"*

Dagegen kann man sich nur nachträglich wehren, indem man der entsprechenden Anwendung für die Zukunft den Zugriff auf die eigene Pinnwand verweigert. Zu diesem Zweck klickt man in einer solchen Nachricht oben rechts auf das dort erscheinende Kreuz und wählt dann „Sperren".

Die dunklen Ecken im Netz

Umgekehrt gilt: Man muss aufpassen, was Anwendungen im Namen ihrer Nutzer treiben. Wer fremden Anwendungen ohne vorherige Prüfung zum Beispiel das Recht zugesteht, im eigenen Namen Nachrichten an andere zu verschicken oder an die Pinnwände der Freunde zu posten, der wird schnell selbst zum Spam-Verursacher.

Anzeigen

Besonders aufdringliche Werbung gibt es auf Facebook auch nicht. Während andere Websites bisweilen mit riesigen Werbebannern und sich von alleine öffnenden Fenstern nerven, hat die Werbung bei Facebook einen verhältnismäßig übersichtlichen Platz, meist am rechten Rand. Auch hier sorgt Facebook aus Eigeninteresse für geregelte Verhältnisse: Werbung im Sinne von Anzeigen wird von Facebook selbst verkauft und ist mehr oder weniger strengen Regeln unterworfen. Dennoch gibt es auch hier eine Funktion „Werbeanzeige verbergen".

Abbildung 48:
Anzeigen bei Facebook haben oben rechts ein Kreuz, mit dem sie ausgeblendet werden können.

Hinter der Funktion „Werbeanzeige verbergen" verbirgt sich nicht das, was viele Nutzer damit verbinden. Es wird damit nicht generell Werbung ausgeblendet, sondern nur diese konkrete Anzeige. Allerdings lässt sich auch auswählen, dass nicht nur diese eine, sondern auch alle weiteren Anzeigen dieses Anbieters nicht mehr angezeigt werden. Beim nächsten Laden einer Seite wird also nicht weniger Werbung angezeigt, sondern einfach nur eine andere Anzeige an dieser Stelle.

Kapitel 4 – Probleme und Herausforderungen meistern

Abbildung 49:
Nachfrage von Facebook: Warum sollte die Anzeige ausgeblendet werden?

Facebook wäre nicht Facebook, wenn es nicht beim Ausblenden gleich noch ein Mini-Formular nachschieben würde: Warum hat dir diese Werbeanzeige nicht gefallen? Dieses Formular muss nicht ausgefüllt werden. Es dient vor allem dazu, dass Facebook künftig passendere Werbung auswählen kann. Wer zum Beispiel die erste Option Uninteressant anklickt, der wird anschließend aufgefordert, doch etwas mehr über seine Vorlieben und Interessen mitzuteilen.

4.7.7 Kriminalität

Trotz aller Bemühungen von Facebook, eine saubere und behagliche Umgebung für seine Nutzer zu bieten, passiert es immer wieder: Kriminelle werden auf Facebook aktiv. Sie versuchen, Minderjährige zu freizügigen Fotos zu animieren („Posen-Angebote") oder für zwielichtige Dienste Geld zu verlangen (im voraus natürlich). Sie verkaufen gestohlene Ware, versuchen sich in Erpressung oder anderen Straftaten. Wenn es sich nicht um (nur) jugendgefährdende Inhalte handelt, dann haben Sie folgende Möglichkeiten:

- Sie können den Inhalt bei Facebook melden (vgl. Abschnitt 4.3.10). Allerdings besteht dann die Gefahr, dass der Inhalt zwar von Facebook gelöscht oder ein Konto gesperrt wird, die Kriminellen aber nicht weiter gestört werden. Im Zweifelsfall sind sie morgen mit einem anderen Inhalt/einem anderen Profil wieder online.

- Sie wenden sich an *internet-beschwerdestelle.de*. Die Beschwerdestelle wird vom Verband der deutschen Internetwirtschaft eco und von der Freiwilligen Selbstkontrolle Multimediadiensteanbieter

Die dunklen Ecken im Netz

FSM getragen und prüft illegale oder schädigende Inhalte. Im Gegensatz zu JUGENDSCHUTZ.NET sind keine anonymen Meldungen möglich. Auch wenn es auf der Website nicht sofort offensichtlich wird: Die Beschwerdestelle sieht nach eigener Aussage auch Facebook in ihrem Zuständigkeitsbereich.

♦ Sie wenden sich an die Polizei. Es gibt keine spezielle Dienststelle für Internetkriminalität, Sie können sich also an jedes Polizeirevier wenden.

Eine vierte Möglichkeit fehlt in dieser Liste. Sie könnten selbstverständlich auch selbst aktiv werden. Sie können eine Nachricht an die Person senden, deren Handlung Sie für illegal halten, oder einen Kommentar auf ihrer Pinnwand hinterlassen. Allerdings ist zwischen Zivilcourage und Selbstgefährdung nur ein schmaler Grad. Fragen Sie sich vorher, ob Sie sich mit Ihren Aktivitäten selbst schädigen könnten und ob nicht der Eingriff einer Autorität hilfreicher oder gar notwendig wäre. Sprechen Sie auch mit Ihrem Kind darüber. Wie in der Offline-Welt gilt auch im Internet: nicht wegschauen, aber auch nicht sich selbst in Gefahr bringen. Im Zweifelsfall sollte Ihr Kind mit einem Erwachsenen darüber sprechen, der dann gegebenenfalls auch mit dem Kind zusammen zur Polizei gehen kann.

> **HINWEIS:** Zur Beweissicherung kann man eine Seite bei Facebook nicht einfach „abspeichern". Stattdessen muss ein Screenshot, also eine Momentaufnahme des Bildschirms erstellt werden. Eine Anleitung dazu finden Sie im Abschnitt 5.1.

4.7.8 Vorsicht vor den vermeintlichen Sonnenseiten!

Nun könnte man meinen, dass Facebook im Vergleich zum restlichen Internet vielleicht sogar ein etwas sicherer Ort ist. Das ist schwierig zu beurteilen. Denn Gefahren drohen, wie in der Offline-Welt, ja nicht nur in den dunklen Ecken der Welt. Nazis können sich mit ihren Kommentaren auch auf vermeintlich unverdächtigen Seiten einschleichen. Die Anfrage nach Sex-Fotos kann auch aus dem eigenen Bekanntenkreis kommen. Und der erste Kontakt zu den Ideen der Selbstgefährdung kommt nicht selten von einer Freundin oder einem Freund. Entwarnung kann also nicht gegeben

Kapitel 4 – Probleme und Herausforderungen meistern

werden. Die Menschen sind bei Facebook mit ihren Tugenden und Lastern nichts anders als in der restlichen Welt. Nur dass Sonnen- und Schattenseiten häufiger etwas näher beieinanderliegen.

Sicher ist nur eins: Auf Facebook selbst als Hüter von Sicherheit und Ordnung kann man sich auf keinen Fall verlassen. Jeder Mensch muss bei Facebook auf sich selbst aufpassen.

4.8 Was tut man, wenn ein Kind, das unter 13 Jahre ist, zu Facebook möchte (oder bereits dort ist)?

4.8.1 2012 minus 13 gleich Zugang zu Facebook

„Du wirst Facebook nicht verwenden, wenn du unter 13 Jahre alt bist", so steht es in Abschnitt 4 der Nutzungsbedingungen von Facebook. Das ist eine klare Ansage. Doch die Realität sieht anders aus. Facebook beschränkt die Prüfung des Alters darauf, bei der Anmeldung nach dem Geburtsdatum zu fragen. Wer nach diesem Datum 13 Jahre oder älter ist, bekommt das Benutzerkonto. Die faktische Prüfung beschränkt sich also darauf, ob ein Nutzer bei der Anmeldung mindestens 13 von der aktuellen Jahreszahl subtrahieren kann.

Abbildung 50:
Anmeldung bei Facebook – mit „Altersprüfung"

Kinder unter 13 Jahren

Consumer Reports (vergleichbar mit der *Stiftung Warentest*) veröffentlichte im Mai 2011 eine Befragung, nach der in den USA 7,5 Millionen Kinder unter 13 bei Facebook angemeldet waren. 5 Millionen von ihnen sollen sogar jünger als zehn Jahre gewesen sein.[9] Zwar beziehen sich diese Zahlen nur auf die USA. Es ist jedoch anzunehmen, dass auch in deutschsprachigen Ländern Hunderttausende von Kindern entgegen der Nutzungsbedingungen auf Facebook unterwegs sind.

In diesem Zusammenhang stellen sich für Eltern gleich mehrere Fragen:

- Sollte ich ein Auge zudrücken, wenn mein Kind schon vor seinem 13. Geburtstag auf Facebook ist/sein möchte?
- Duldet Facebook die Nutzung durch Kinder?
- Kann ich Facebook auffordern, das Benutzerkonto eines Kindes unter 13 Jahren zu löschen?
- Kann ich Facebook auffordern, mir einen Zugriff auf die Daten meines Kindes zu gewähren?

Schauen wir uns diese Fragen der Reihe nach an, beginnend bei der schwierigsten.

4.8.2 Sollte ich die unerlaubte Nutzung durch mein Kind dulden?

Anders als zum Beispiel bei Computerspielen oder Filmen ist die Altersgrenze bei Facebook keine *Empfehlung* für Eltern. Auch wenn die erziehungsberechtigte Person eines 12-Jährigen die Nutzung von Facebook für sinnvoll hält und das Benutzerkonto sogar gemeinsam mit dem Kind einrichtet, ändert das nichts daran, dass dies gegen die Nutzungsbedingungen verstößt. Formell lässt sich die Frage, ob man da nicht ein Auge zudrücken könnte, einfach beantworten: Nein, das geht nicht.

In der Praxis kann die Frage allerdings deutlich schwieriger zu beantworten sein, wenn ein 12-jähriges Kind vor den Eltern steht

---

9 *That Facebook friend might be 10 years old, and other troubling news.* Consumer Reports Magazine im Juni 2011. www.consumerreports.org/cro/magazine-archive/2011/june/electronics-computers/state-of-the-net/facebook-concerns/index.htm

Kapitel 4 – Probleme und Herausforderungen meistern

und fleht: „Alle meine Freunde sind bei Facebook – ich will auch!" Was tun? Das Kind hat möglicherweise recht, denn – siehe oben – sehr viele Kinder sind entgegen der Nutzungsbedingungen auf Facebook unterwegs. Andererseits wird es bei den wenigsten Eltern zum Erziehungsstil zählen, dem Kind wissentlich den Verstoß gegen geltende und bekannte Regeln zu erlauben und zu ermöglichen. Es handelt sich also weniger um eine technische oder juristische, als vielmehr um eine pädagogische Frage. Und die müssen die Eltern selbst beantworten.

Formelle Konsequenzen müssen sie wohl nicht befürchten. Die härteste Konsequenz, die bei einem Verstoß droht, ist die Löschung des Benutzerkontos durch Facebook. Wer also grundsätzlich bereit ist, seinem Kind vor dem 13. Geburtstag einen Facebook-Zugang zu erlauben, der steht vor der pädagogischen Abwägung: Was wiegt schwerer: der bewusste Verstoß gegen die Nutzungsbedingungen eines Unternehmens oder die Ablehnung des Kinderwunschs?

> **TIPP:** Häufig macht für Kinder gar nicht das soziale Netzwerk den Reiz von Facebook aus, sondern eines der zahlreichen Spiele, die auf Facebook angeboten werden. Möglicherweise lässt sich das Verlangen nach Facebook auch befriedigen, wenn stattdessen andere Spiele als Alternative zugänglich gemacht werden. Die Website fragFINN.de sammelt Spiele und andere Online-Angebote, die von Medienpädagogen redaktionell geprüft und als kindgeeignet eingestuft worden sind.

4.8.3 Wie geht Facebook mit Kindern unter 13 Jahren um?

Offiziell behauptet Facebook, dass jedes entsprechende Benutzerkonto gelöscht wird – wenn es ihm gemeldet wird. Eine Sprecherin von Facebook hat im März 2011 im australischen Parlament angegeben, dass Facebook täglich 20.000 Nutzerkonten löscht, deren Nutzer zu jung sind.[10] Dies würde 7,3 Millionen Löschungen im Jahr entsprechen. Das klingt viel, relativiert sich aber, wenn man betrachtet, dass es alleine in 2011 ca. 250 Millionen

---

10 Banning baby-faces from social site Facebook. The Daily Telegraph am 21. März 2011. www.dailytelegraph.com.au/news/banning-baby-faces-from-social-site-facebook/story-e6freuy9-1226025663992

Kinder unter 13 Jahren

Neuanmeldungen gab. Außerdem lässt sich weder überprüfen, ob Facebooks Angaben stimmen und ob das Kind nicht nach der Löschung einfach ein neues Konto eröffnet. Zumindest die oben genannten Zahlen aus den USA und die fehlende Altersprüfung deuten darauf hin, dass Facebook Kinder unbehelligt lässt. Auch nichtrepräsentative Umfragen unter Kindern oder Eltern weisen darauf hin, dass Prüfung und Ausschluss durch Facebook nicht stattfinden bzw. nur nachdem eine andere Person Facebook eine entsprechende Meldung geschickt hat.

4.8.4 Wie kann ich Facebook zum Löschen eines Kontos auffordern?

Jeder Facebook-Nutzer kann mittels Formular bei Facebook „ein minderjähriges Kind melden".

Abbildung 51: *Das Formular „Ein minderjähriges Kind melden", zu erreichen unter de-de.facebook.com/help/contact.php?show_form=underage*

Im Februar 2012 haben die Autoren dieses Buchs das Formular einem Praxistest unterzogen. Der erste Versuch scheiterte bereits daran, dass das Formular auf die Angaben E-Mail-Adresse des Profils und Netzwerke, denen das Profil angehört besteht. Während im letzten Fall immerhin noch „Deutschland" als Eingabe akzeptiert wurde, ist die E-Mail-Adresse eine oft nicht zu überwindende Hürde. Denn wenn die betroffene Person ihre E-Mail-Adresse nicht im eigenen Profil veröffentlicht hat (was jedem Kind zu raten ist), dann kann die meldende Person diese Adresse nicht ermitteln.

Kapitel 4 – Probleme und Herausforderungen meistern

Verfügt man über die notwendige E-Mail-Adresse, so bekommt man zunächst einmal selbst E-Mail von Facebook. Im Test hat Facebook das gemeldete Profil innerhalb von einigen Wochen gelöscht – allerdings auf zweifelhafte Weise: Das Profil wurde ohne Kontakt mit dem betroffenen Kind gelöscht. Die Kontrolle des Alters scheint bei Facebook also willkürlich stattzufinden. Im Zweifelsfall könnte es also durchaus passieren, dass Facebook einfach das Benutzerkonto löscht, auch wenn die betroffene Person durchaus älter als 13 Jahre ist.

Facebook schreibt erläuternd zum Formular:

Wir werden das gemeldete Konto überprüfen und basierend auf unseren Richtlinien entsprechende Maßnahmen ergreifen. Du erhältst keine Bestätigungs-E-Mail, wenn wir Maßnahmen ergreifen. Allerdings überprüfen wir alle Berichte. Falls du das Konto eines Kindes meldest, welches sich mit einem falschen Geburtsdatum registriert hat, und wir nachprüfen können, dass das Kind jünger als 13 Jahre ist, werden wir das Konto umgehend löschen. Wenn das Konto entfernt wird, erhältst du keine Bestätigung. Allerdings solltest du das Profil dieses Kindes dann nicht mehr auf Facebook sehen können. Wenn nicht bestätigt werden kann, dass das Kind jünger als 13 Jahre ist, dann können wir wahrscheinlich keine Maßnahmen bezüglich dieses Kontos ergreifen. Solltest du kein Erziehungsberechtigter des Kindes sein, möchten wir dich in diesem Fall dringend bitten, die Eltern des Kindes dazu aufzufordern, uns persönlich mithilfe dieses Formulars zu kontaktieren.

Der letzte Punkt macht klar: Es muss nicht das eigene Kind sein, das über dieses Formular gemeldet werden kann. Wenn es darum geht, das Benutzerkonto des eigenen Kinds von Facebook zu entfernen, dann ist meist ein anderer Weg die erste Wahl: Man löscht das Konto zusammen mit dem Kind. Dabei ist man aber auf die Kooperation mit dem Kind angewiesen, denn ohne Passwort können auch Eltern nicht auf die Benutzerdaten des Kinds zugreifen. Mit einer Ausnahme – wie wir im folgenden Abschnitt erläutern.

Kinder unter 13 Jahren

4.8.5 Kann Facebook mir Zugriff auf die Daten meines Kindes ermöglichen?

Nehmen wir an, dass

1. Sie zwar von dem Facebook-Profil ihres Kindes wissen, dass
2. dieses Profil gelöscht werden soll, dass
3. Ihr Kind Ihnen aber die Zugangsdaten für sein Konto nicht geben kann oder will und dass
4. Sie vor dem Löschen noch Daten aus diesem Profil „herausbekommen" möchten.

Dieser Fall ist zwar sicher nicht Alltag in jeder Familie. Doch auch hierfür bietet Facebook ein Formular an. Es heißt „ANFRAGE FÜR DATEN EINES KINDES".

Abbildung 52: *Das Formular „Anfrage für Daten eines Kindes", zu erreichen unter de-de.facebook.com/help/contact.php?show_form=c_data_request*

Kapitel 4 – Probleme und Herausforderungen meistern

In diesem Fall brauchen Sie die eingescannte Kopie einer „notariell beglaubigten Stellungnahme", in der Sie Ihre „Rechte als Elternteil oder Erziehungsberechtigtem" nachweisen. Das mag übertrieben wirken. Aber umgekehrt würde niemand wollen, dass Facebook die privaten Daten eines Kindes an Dritte weitergibt, ohne dass dieser Dritte seine Berechtigung entsprechend nachweisen muss.

Anfragen für Kinder, die älter als 13 Jahre sind, sind nach Angaben von Facebook übrigens nicht möglich.

Kapitel 5

Praktische Tipps und Tricks

Wichtiges Grundlagenwissen und Anleitungen

Sie erfahren, wie Sie sich ein Facebook-Konto anlegen, wie man zur Beweissicherung einen Screenshot erstellt, woran man ein gutes Passwort erkennt und wie Sie es sich merken können.

Kapitel 5 – Praktische Tipps und Tricks

5.1 Wie Sie ein Facebook-Konto anlegen

Viele der konkreten Beispiele in diesem Buch können Sie leichter nachvollziehen, wenn Sie ein eigenes Facebook-Konto haben. Ob Sie das später tatsächlich nutzen oder damit nur die Beispiele in diesem Buch besser nachvollziehen möchten, hängt ganz von Ihnen ab. Hier zeigen wir Ihnen, wie Sie ein eigenes Facebook-Konto anlegen und worauf Sie gleich zu Beginn achten sollten, um Ihre Privatsphäre zu schützen.

Alles, was Sie für ein Facebook-Konto benötigen, ist eine gültige E-Mail-Adresse, die es tatsächlich gibt und die Sie abrufen können.

Gehen Sie zunächst auf *www.facebook.com*. Dort erwartet Sie folgender Screen:

Abbildung 1: *Der Anmeldescreen von Facebook*

Geben Sie hier Ihren Namen, gerne auch einen ausgedachten, an und legen Sie ein Passwort für sich fest (vgl. Kapitel 5.4). Auch beim Geburtsdatum können Sie schummeln, allerdings brauchen Sie eine gültige E-Mail-Adresse, an die später ein Verifizierungs-

Wie Sie ein Facebook-Konto anlegen

code gesendet wird. Hier dürfen Sie also auf keinen Fall schummeln und eine ausgedachte Adresse angeben.

> **TIPP:** Sie müssen nicht unbedingt Ihre eigene E-Mail-Adresse benutzen, wenn Sie das nicht möchten. Es gibt Dienstleister im Internet, die sog. Wegwerf-E-Mail-Adressen anbieten. Auf diese Weise können Sie Ihre tatsächliche E-Mail-Adresse wirksam vor Facebook verbergen. Auf der Webseite zu diesem Buch unter *www.facebook-fuer-eltern.net* haben wir empfehlenswerte Dienstleister zusammengestellt.

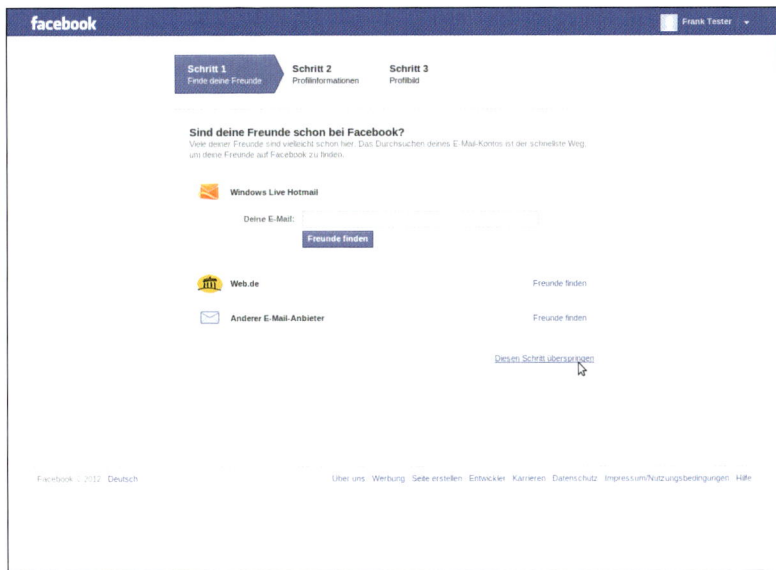

Abbildung 2: *Facebook bittet recht ungeniert um den Zugang zum eigenen Adressbuch. Das sollten Sie nicht erlauben.*

Nun geht sofort der Registrierungsprozess weiter. Im ersten Schritt werden Sie gebeten, Ihr persönliches Adressbuch zu öffnen und Facebook darauf Zugriff zu gewähren. Wir empfehlen Ihnen dringend, hier nicht zuzustimmen und Facebook keinen Zugang auf Ihr persönliches Adressbuch zu gewähren. Klicken Sie auf DIESEN SCHRITT ÜBERSPRINGEN.

Kapitel 5 – Praktische Tipps und Tricks

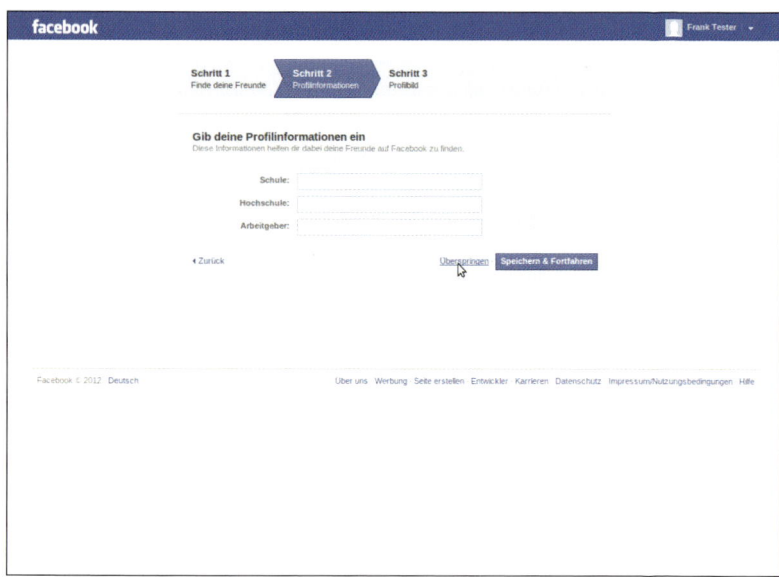

Abbildung 3: *Facebook fragt nach Schule, Hochschule und Arbeitgeber. Auch diesen Schritt können Sie überspringen.*

Im zweiten und dritten Schritt fragt Facebook nach Schule, Hochschule und Arbeitgeber und fordert Sie auf, ein Porträtfoto von sich hochzuladen. Beide Schritte können und sollten Sie überspringen. Sie haben später immer noch bequem die Möglichkeit, ein Profilbild von sich hochzuladen. Richten Sie zunächst Ihr Facebook-Profil spartanisch ein und entscheiden Sie später in Ruhe, welche Informationen Sie preisgeben wollen.

Voilà, Sie haben Ihr Facebook-Konto fast fertig eingerichtet und werden noch einmal aufgefordert, Ihr Adressbuch freizugeben und ein Profilfoto von sich hochzuladen. Lassen Sie sich davon nicht drängen. Entscheiden Sie selbst, was Sie von sich preisgeben möchten.

In der Zwischenzeit haben Sie von Facebook eine E-Mail bekommen, die einen Link enthält. Erst wenn Sie auf diesen Link geklickt haben und gegebenenfalls den enthaltenen Bestätigungscode auf Facebook eingetragen haben, verfügen Sie über ein voll funktionstüchtiges Facebook-Konto. Öffnen Sie also Ihr Mail-Programm und folgen Sie der Anweisung in der E-Mail.

Wie Sie ein Facebook-Konto anlegen

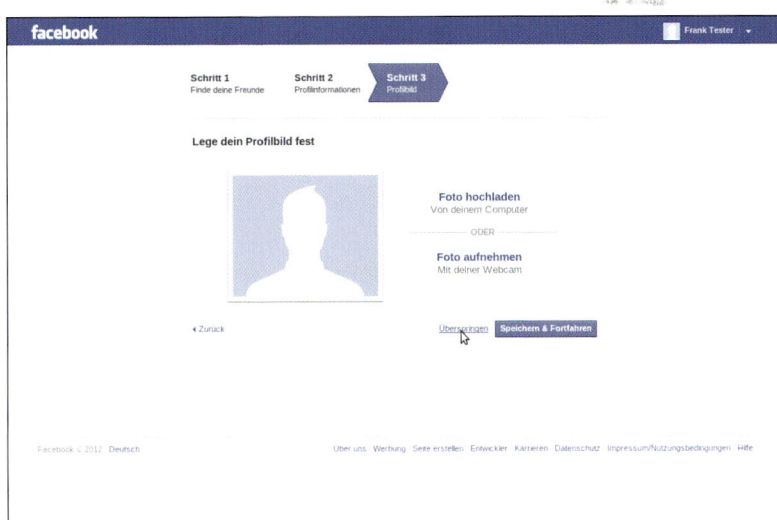

Abbildung 4: *Facebook verlangt gleich zu Beginn bei der ersten Anmeldung nach einem Porträtfoto. Diesen Schritt können Sie auch überspringen.*

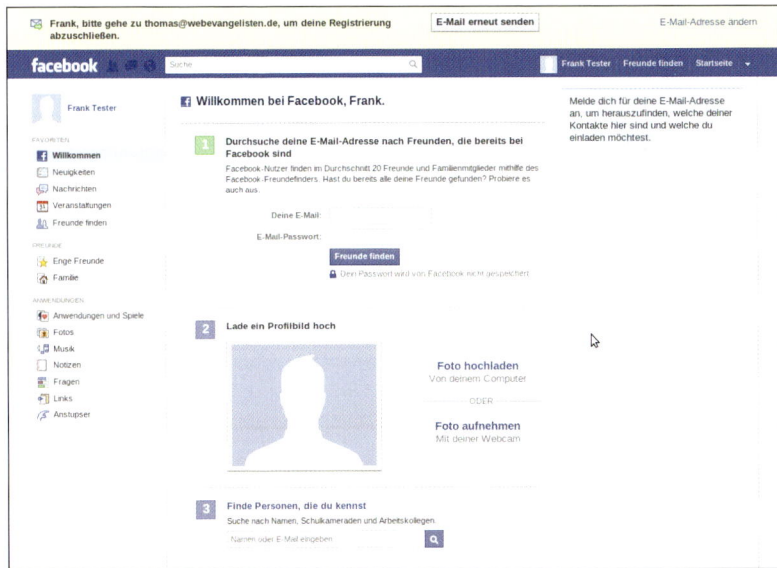

Abbildung 5: *Erst nach der Bestätigung in der E-Mail verfügen Sie über ein voll funktionstüchtiges Facebook-Konto.*

Kapitel 5 – Praktische Tipps und Tricks

Sie können nun im Suchfeld in der Mitte oben nach den Namen Ihrer Kinder oder dem Namen von Freunden und Kollegen suchen und dort eine Freundschaftsanfrage stellen. Falls auf Facebook zu viele mit dem gleichen Namen gefunden werden, können Sie auch versuchen, nach der E-Mail-Adresse Ihrer Kontakte zu suchen.

Falls Sie mit der Suche über eine E-Mail-Adresse Ihr Kind finden sollten, schauen Sie noch einmal in Kapitel 3.7 nach, was wir über das Verstecken der eigenen E-Mail-Adresse auf Facebook geschrieben haben.

Nun viel Spaß bei Ihren ersten eigenen Schritten auf Facebook mit eigenem Konto.

5.2 Wie Sie von Facebook unbemerkt im Internet surfen

Wenn Sie nicht möchten, dass Facebook erfährt, auf welche Webseiten Sie surfen, haben Sie die Möglichkeit, sich davor zu schützen, dass Facebook Sie auf Schritt und Klick im Internet verfolgt: das anonyme Surfen. Man kann einerseits die eigene IP-Adresse verschleiern. Wenn Sie sich dafür interessieren, können Sie z.B. die Anonymisierungssoftware Tor installieren. Suchen Sie im Internet nach „tor anonym surfen" für weitere Informationen.

Für die meisten Zwecke reicht auch schon der Inkognito- oder Private-Modus des eigenen Browsers. Wenn Sie in diesem Modus surfen, werden keine Cookies an fremde Server geschickt, Sie erkennen das daran, dass Sie in diesem Modus plötzlich bei Facebook und anderen Seiten ausgeloggt sind, weil diese Server Sie ohne Cookie nicht mehr erkennen können.

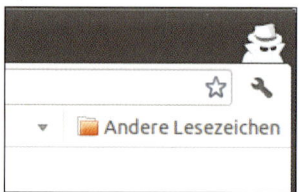

Abbildung 6:
Beim Browser Chrome wird der Inkognito-Modus durch einen Schlapphut rechts oben markiert. Sie surfen dann „inkognito", d.h., Sie sind bei allen bisherigen Seiten, z.B. auch Facebook, ausgeloggt.

Wie man einen Screenshot erstellt

Bei Firefox drücken Sie S<small>TRG</small> + U<small>MSCHALT</small> + P oder wählen Sie im Menü E<small>XTRAS</small> → P<small>RIVATEN</small> M<small>ODUS STARTEN</small>. Im Browser Chrome wählen Sie S<small>TRG</small> + U<small>MSCHALT</small> + N oder im Menü A<small>BLAGE</small> → N<small>EUES</small> I<small>NKOGNITO</small>-F<small>ENSTER</small>.

5.3 Wie man einen Screenshot erstellt

Ein Screenshot ist ein Abbild des Bildschirms, den der Computer gerade anzeigt, das in einer Grafikdatei gespeichert wird. Screenshots werden häufig für Erklärungen verwendet. (In diesem Buch besteht ein Großteil der Abbildungen aus Screenshots.) Ein anderer Verwendungszweck ist das „Einfrieren" zur Dokumentation von bestimmten Inhalten, zum Beispiel wenn man Beweise sichern will, nachdem jemand kritische Inhalte bei Facebook veröffentlicht hat.

Zwar bieten die meisten Browser auch die Möglichkeit, eine Seite auf dem eigenen Rechner abzuspeichern. Allerdings wird diese gespeicherte Seite dann später oder im Ausdruck oder auf anderen Computern nicht unbedingt genau so angezeigt wie zum Zeitpunkt des Speicherns.

> **TIPP:** Zur Dokumentation reicht es nicht aus, eine Webseite abzuspeichern oder nur auszudrucken. Zur Sicherheit sollte eine Seite sowohl über den Browser ausgedruckt als auch als Screenshot abgespeichert werden.

Bei einem Screenshot wird der Bildschirm in der Regel genau so abgespeichert, wie Sie ihn sehen. Nur der Mauszeiger wird meist ausgeblendet. Es gibt zwei unterschiedliche Funktionsweisen:

♦ Variante „Datei": Die aufgenommene Grafik wird direkt als Datei auf die Festplatte gespeichert. In diesem Fall müssen Sie nur wissen, wo genau die Datei zu finden ist.

♦ Variante „Arbeitsspeicher": Die Grafik wird vorübergehend im Arbeitsspeicher des Computers „geparkt". Sie muss dann noch an einen dauerhaften Speicherort versetzt werden.

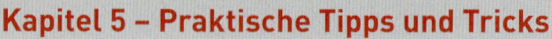

Kapitel 5 – Praktische Tipps und Tricks

Im zweiten Fall können Sie die Datei mit dem Befehl „Einfügen" (Tasten `Strg` und `V` gleichzeitig drücken) in eine Textverarbeitung oder ein Grafikprogramm einfügen. Anschließend müssen Sie diese Datei nur noch an einem Ort abspeichern, an dem Sie sie wiederfinden.

Der Befehl, mit dem ein Screenshot erstellt wird, lautet auf jedem Betriebssystem anders. Die folgende Übersicht zeigt die gängigen Betriebssysteme:

- **Windows**: Eine Taste mit der Aufschrift `Druck` oder `Print` findet sich meist im oberen rechten Bereich der Tastatur. Bei manchen Laptoptastaturen muss eine Funktionstaste (häufig: `Fn`) gemeinsam mit der `Druck`-Taste gedrückt werden, in seltenen Fällen auch `Fn` und `Einfg` / `Einfügen` gemeinsam.

- Bei Windows landet die Datei meist im Arbeitsspeicher, muss also in einem anderen Programm (z.B. Word oder Paint) eingefügt werden.

- **Mac**: Auf dem Mac gibt es unterschiedliche Befehle zum Anfertigen eines Screenshots. Mit der Tastenkombination `Cmd` + `⇧` + `3` wird eine entsprechende Datei auf dem Desktop / Schreibtisch gespeichert. Drückt man stattdessen `Cmd` + `⇧` + `Ctrl` + `3` wird der Screenshot im Zwischenspeicher abgelegt.

- **Linux**: Auf den meisten Linux-Systemen funktioniert der Screenshot wie oben unter *Windows* beschrieben.

- **iPad/iPhone/iPod Touch**: Hier müssen einfach nur der `An-/Ausschalter` zeitgleich mit dem `Home-Button` (der große unterhalb des Bildschirms) gedrückt werden. Der Screenshot wird dann in der Fotosammlung des Geräts abgespeichert.

5.4 Ein sicheres Passwort

Ein sicheres Passwort ist wichtig, das ist eine Binsenweisheit – allerdings sicher eine der am häufigsten missachteten Binsenweisheiten. Im Folgenden finden Sie Hinweise, wie Sie ein sicheres Passwort erstellen können.

Ein sicheres Passwort

5.4.1 Unterschiedliche Dienste – unterschiedliche Passwörter!

Um sich bei Internetdiensten einzuloggen, benötigen Sie in der Regel einen Benutzernamen und ein Passwort. Inzwischen akzeptieren die meisten Dienste die E-Mail-Adresse des Benutzers als Benutzernamen. Die Adresse ist selten ein Geheimnis, also bleibt zur Sicherheit nur noch das Passwort. Viele Menschen nutzen für verschiedene Dienste das gleiche Passwort. Das ist verständlich, denn wer kann sich schon so viele verschiedene Passwörter merken, wie er Dienste benutzt? Dennoch gehört dieses Vorgehen zu den leichtsinnigsten Fehlern, die man im Internet begehen kann. Denn nun muss dieses Passwort nur an einer einzigen Stelle geknackt werden, durchsickern oder in unseriöse Hände gelangen, damit alle Dienste des Nutzers damit übernommen werden können.

Nehmen wir an, dass Beispielperson Petra das gleiche Passwort für ihren E-Mail-Anbieter, für Facebook, für ihr YouTube-Konto und für einen Dienst namens *BunteKatzenBilderWelt* nutzt. Der letztgenannte Dienst bietet die Möglichkeit, Fotos von Katzen zu durchstöbern und zu kommentieren. Petra hat sich dort nur ein einziges Mal angemeldet, denn auf den zweiten Blick war das Angebot doch eher langweilig. Dennoch: Die Betreiber von *BunteKatzenBilderWelt* haben jetzt die Zugangsdaten für Petras E-Mail, Petras Facebook und Petras Google-Konto, das mit dem YouTube-Konto gekoppelt ist. Falls Kriminelle in die Server von *BunteKatzenBilderWelt* eindringen oder die Server nicht richtig gesichert sind, können die Zugangsdaten schnell und weit verbreitet werden – und damit auch der Zugang zum restlichen Online-Leben von Petra.

Auch wenn jemand Petra einfach nur über die Schulter guckt, wenn sie ihr Passwort bei einem der Dienste eingibt, kann er sich damit Zugang zu allen anderen Diensten verschaffen.

> **TIPP:** Verschiedene Dienste mit demselben Passwort zu nutzen, bedeutet, dem schwächsten Glied einer Kette volles Vertrauen zu schenken. Nutzen Sie deshalb für jeden Internetdienst ein anderes Passwort!

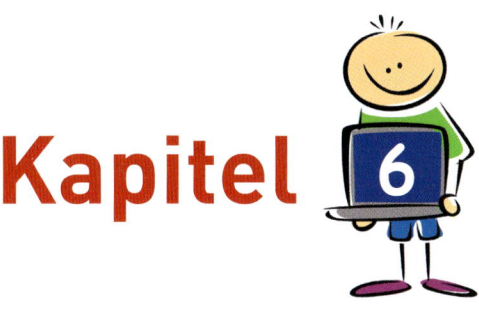

Kapitel 6

Zum Schluss

Die Buchautoren wünschen Ihnen Ärger und Probleme – aber nur etwas!

Sie erfahren, warum es Hoffnung gibt, dass Jugendliche durchaus lernfähig sind, und warum Probleme dabei auch hilfreich sein können.

Kapitel 6 – Zum Schluss

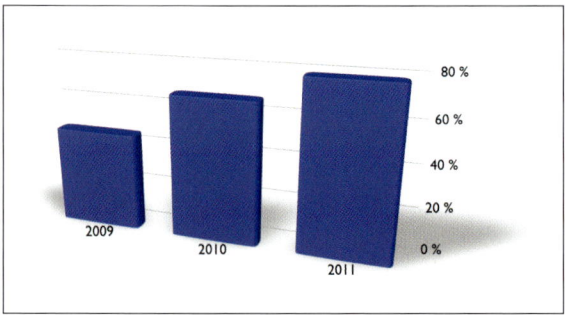

Abbildung 1: *Wie viele jugendliche Nutzer von sozialen Netzwerken nutzen Einstellungen zur Privatsphäre?*[1]

Die Statistik in Abbildung 1 kann Grund zur Sorge geben – oder ist Anlass zur Hoffnung. Sie stammt aus der JIM-Studie, die jedes Jahr den Medienumgang von zwölf- bis 19-jährigen Jugendlichen untersucht. Die gezeigte Statistik betrifft nur diejenigen Jugendlichen, die in sozialen Netzwerken wie Facebook aktiv sind. Von ihnen haben 2009 weniger als die Hälfte überhaupt die eigenen Privatsphären-Einstellungen auf Facebook und Konsorten geändert. Innerhalb von zwei Jahren ist der Anteil der „Privatsphären-Bewussten" drastisch gestiegen – schon im Juni 2011 waren es 79% der Jugendlichen.

Nun könnte man klagen, dass nicht von Anfang an alle Jugendlichen mit Bedacht an die Sache herangegangen sind. Man kann die Zahlen aber auch als Anlass zur Hoffnung nehmen: Innerhalb von kurzer Zeit hat ein Umdenken begonnen – von großer Ignoranz hin zum fast flächendeckenden Einsatz. (Man stelle sich einmal vor, wir könnten den Umgang mit Zigaretten, mit Alkohol oder mit zu spätem Schlafengehen innerhalb von drei Jahren quasi auf den Kopf stellen ...)

Möglicherweise steht diese Statistik stellvertretend für unseren Umgang mit neuen Medien und neuen Umgebungen wie zum Beispiel Facebook. Die gute Nachricht lautet: Wir lernen offensichtlich. Wir lernen als Gesellschaft, in der binnen weniger Jahre Fortbildungen für Schulen, Informationsmaterialien für Jugendliche,

---

[1] Medienpädagogischer Forschungsverbund Südwest: JIM-Studien 2010 und 2011, online zu finden unter *www.mpfs.de*

Kapitel 6 – Zum Schluss

Forderungskataloge für Anbieter von sozialen Netzwerken und Ratgeberbücher für Eltern entwickelt wurden. Und zwar für Probleme, die noch vor kurzer Zeit jenseits unserer Vorstellungskraft lagen. Und wir lernen als Einzelne, ob Jugendliche oder Erwachsene, jeder individuell für sich.

So neu das Phänomen Facebook in vielerlei Hinsicht ist – unser Lernen erfolgt nach bekannten Mustern: Wir lernen viel besser aus eigener Erfahrung als aus Belehrung durch andere. Gute Ratschläge zum Umgang mit der Privatsphäre sind nicht schlecht. Aber wahrscheinlich lernen wir mehr daraus, dass wir ein Mal (zwei oder drei Mal) ein peinliches Foto gepostet haben, was unangenehme Konsequenzen nach sich gezogen hat.

Vielleicht ist das auch eine hilfreiche Sicht, wenn wir oder unsere Kinder Ärger und Probleme auf Facebook haben. Jedes Problem bietet einen Anlass für uns, mehr über uns und Facebook zu lernen. Jeder Ärger steigert die Chance, dass man den gleichen Fehler nicht noch einmal machen wird. Manche Medienpädagogen glauben sogar, dass jemand, der sich grundsätzlich und ausführlich mit seinem Verhalten in der Online-Welt beschäftigt hat, dadurch auch im Rest der Welt einen besseren Überblick über das Verhältnis zwischen sich und anderen hat.

Die Autoren dieses Buchs wünschen Ihnen und Ihren Kindern trotzdem möglichst wenige Probleme. Wenn schon Ärger, dann möglichst überschaubar und mit nicht zu weitreichenden Konsequenzen. Vielleicht trägt dieses Buch dazu bei, dass einige Probleme gar nicht erst auftauchen. Schließlich sind wir als Menschen durchaus in der Lage, ein Stück weit vorsorgend zu lernen.

P.S.: Wir hoffen, Ihnen mit diesem Buch alle Fragen rund um Facebook beantwortet zu haben. Falls dennoch eine Frage offen geblieben ist, stellen Sie sie einfach den Autoren unter **www.facebook-fuer-eltern.net**. Dort finden Sie auch weiterführendes Material und Neuigkeiten, falls sich bei Facebook – mal wieder – etwas geändert hat.

Kapitel 6 – Zum Schluss

Außerdem finden Sie auf der Website einen besonderen Bonus: Die Kapitel, die nicht mehr ins Buch gepasst haben, sind als pdf kostenlos erhältlich:

- Wie kann man seine Daten aus Facebook exportieren?
- Abschied von Facebook – Das eigene Konto deaktivieren oder löschen
- Wie sich durch Facebook Werte und Einstellungen ändern

Glossar

Avatar

Anderes Wort für **Profilbild**. Für ein Beispiel siehe **Titelbild.**

Abmahnung

Eine Abmahnung ist ein anwaltliches Schreiben, das in den meisten Fällen schon dazu führt, dass Sie dafür zur Kasse gebeten werden. Abmahnungen sind der „letzte Schuss vor den Bug", den sich zwei Kontrahenten setzen, bevor man vor Gericht zieht. Ignorieren Sie eine Abmahnung auf keinen Fall und holen Sie sich Hilfe von einem Anwalt. Abmahnungen werden oft in Zusammenhang mit Urheberrechtsverletzungen ausgesprochen.

Abonnieren

Man kann bei Facebook auch einseitig die Statusmeldungen einer Person abonnieren, ohne dass man miteinander befreundet sein muss. Eine Liste der eigenen Abonnenten findet man unter *www.facebook.com/me/ subscribers.*

Admin(istrator)

Admins sind Personen, die eine **Gruppe** oder **Fanpage** verwalten. Um Admin zu sein, bedarf es keiner Programmierkenntnisse. Wer eine Gruppe oder Fanpage gründet, wird automatisch Administrator.

Aktivitätsprotokoll

Hier sind alle Aktivitäten verzeichnet, die man auf Facebook ausgeführt hat, also z.B. welche Seiten man liked, wo man kommentiert hat oder mit wem man eine Facebook-Freundschaft begonnen hat. Zu finden unter *www.facebook.com/me/allactivity.*

Glossar

Anstupsen

Ein-Klick-Variante, jemanden auf Facebook „Hallo" zu sagen. Klickt man auf den Link „Person anstupsen", erhält die angestupste Person eine Nachricht, dass sie angestupst wurde. Das war's schon.

Anwendungen/Applikationen/Apps

Anwendungen sind Spiele und Programme von Drittanbietern, die man auf Facebook installieren und nutzen kann. Die englische Bezeichnung lautet Applications, kurz: Apps. Anwendungen auf Facebook haben mit Apps auf z.B. dem iPhone nur den Namen gemeinsam und dass sie nicht vom Hersteller selber (also Facebook oder z.B. Apple) stammen, sondern von externen Programmierern.

Benachrichtigung

Facebook informiert seine Nutzer über Neuigkeiten aus dem eigenen Netzwerk: Wenn jemand eine Statusmeldung kommentiert oder auf „Gefällt mir" klickt, wird man darüber via Benachrichtigung informiert. Zusätzlich kann man, wenn man möchte, auch eine E-Mail zu jeder Benachrichtigung erhalten.

Abbildung 1: *Benachrichtigungen geben Auskunft, wenn eigene Aktivitäten auf Facebook eine Reaktion von anderen hervorgerufen haben.*

Captcha

Captchas sind diese kryptischen Zeichen, die man manchmal auf Webseiten eintragen muss, um sich als Mensch zu erkennen zu geben. Dabei werden schwer zu entziffernde Zeichen angezeigt, die von Maschinen nicht erkannt werden können. Auf diese Weise sollen Spammer abgewehrt werden.

Abbildung 2: *Für Menschen schwer zu entziffern, aber für Maschinen völlig unmöglich. Mit Captchas werden im Internet Menschen von Maschinen unterschieden.*

Chat

Auch auf Facebook kann man chatten, das ist eine Art geschriebenes Telefonat. Die Nachrichten werden sofort zugestellt und sind meist nur wenige Worte lang.

Glossar

Chronik

Früher hieß die Chronik Timeline, zu Deutsch: Zeitleiste oder Pinnwand. Die Chronik ist die virtuelle Heimat auf Facebook. Hier sind alle Aktivitäten auf Facebook chronologisch sortiert aufgeführt: Bilder, die man gepostet hat, oder Kommentare, die man auf anderen Profilen hinterließ: Die Chronik verzeichnet alles und ist – je nach Einstellung – auch für andere sichtbar. Auch Freunde können, je nach Einstellung, in dieser Chronik schreiben.

Cookie

Cookies (engl. für „Kekse") sind kleine Textdateien, die Webseiten auf Ihrem Computer speichern. Damit ist es möglich, diesen Computer bei einem späteren Besuch wiederzuerkennen. Deshlab müssen Sie sich z.B. nicht jedes Mal, wenn Sie www.facbeook.com ansteuern, neu anmelden sondern werden automatisch wieder erkannt.

Cyber-Mobbing

Ein anderer Begriff für Mobbing im Internet. Siehe Kapitel 4.6.

Fake

Zu Deutsch: Fälschung. Es gibt sog. „Fake-Profile", das sind gefälschte Profile, oftmals von Prominenten, die gar nicht tatsächlich das Profil betreiben.

Fan

Menschen haben auf Facebook sog. „*Freunde*", Marken, Organisationen und Stars haben „Fans". Fans unterscheiden sich von Freunden dadurch, dass eine Verbindung nur einseitig ist: Eine Freundschaft müssen beide Seiten bestätigen, ein Fan-Sein dagegen erklärt einseitig nur der Fan.

Farmville oder Mafiawars

Beispiele für verbreitete Spiele auf Facebook.

Favoriten

Favoriten sind Direktlinks zu eigenen Gruppen, Anwendungen oder Seiten auf Facebook. Sie werden leicht auffindbar und direkt anklickbar links unter dem eigenen Profilbild auf der **Startseite** von Facebook angezeigt.

Abbildung 3: *Favoriten sind Direktlinks zu den für einen persönlich wichtigen Bereichen auf Facebook.*

Glossar

Freund
Besser wäre wohl der Begriff „Kontakt", weil er neutraler ist. Facebook kennt nur Freunde, keine Bekannten. Freunde kann man allerdings mit **Listen** genauer einteilen.

Gefällt mir
Der Gefällt-mir-Button ist bereits zum geflügelten Wort in Zusammenhang mit Facebook geworden. Man findet ihn unter **Statusmeldungen**, Kommentaren, Fotos und Videos und sogar auf fremden Webseiten. Einen Gefällt-mir-nicht-Button hingegen sucht man vergeblich. Siehe auch **I Like/liken**.

Geo-Tagging
Als Geo-Tagging wird das Hinzufügen von geografischen Daten zu einem Bild oder **Status-Update** bezeichnet. Wo wurde ein Bild aufgenommen, von wo aus wurde ein Update gepostet? Mit Geo-Tagging werden diese Informationen entweder automatisch vom Handy mitgespeichert oder von Facebook-Nutzern per Hand hinzugefügt.

Gruppen
Gruppen sind eine Art Mini-Verein auf Facebook. Hier schließen sich Menschen zusammen, die sich übers Angeln austauschen wollen, oder die Schüler eine Klasse. Eine Gruppe besteht aus einem gemeinsamen schwarzen Brett („**Pinnwand**"), an dem alle Gruppenmitglieder Nachrichten hinterlassen und kommentieren können.

I like/liken
Die englische Bezeichnung für „Gefällt mir", wird auch im deutschen Sprachgebrauch verwendet. Gerne auch in der an Apples iPhone angelehnten Schreibweise „iLike".

IP-Adresse
Das ist die eindeutige Nummer eines Computers im Internet. Sie besteht in der Regel aus vier Zahlen und sieht in etwa so aus: 148.125.1.75. Sie ist vergleichbar mit einem Autokennzeichen.

Listen
Auf Listen werden persönliche **Freunde** auf Facebook sortiert. Sie sollen persönliche Freundeskreise, die man auch außerhalb von Facebook unterhält, nachempfinden. Dadurch ist es möglich, unterschiedliche Inhalte für unterschiedliche Publika zu veröffentlichen, also das eigene Geburtsdatum nur an enge Freunde, Fußball-Jubelschreie dagegen auch an Freunde von Freunden etc.

Glossar

LOL
Abkürzung für „Laughing out loud", zu Deutsch: „laut loslachen". Eine Möglichkeit, Gefühle schnell, z.B. in einem **Chat**, auszudrücken.

Markieren
Deutsch-Englisch: taggen (sprich: täggen). Wenn man Personen auf Fotos markiert, wird die Markierung, z.B. das Gesicht, mit dem passenden Facebook-Profil verknüpft.

Nachricht
Eine Art E-Mail innerhalb von Facebook. Ob man über Nachrichten auf Facebook zusätzlich per E-Mail informiert wird, hängt von den individuellen Einstellungen ab.

Pinnwand
Auf Pinnwänden werden Kommentare hinterlassen oder Fotos gepostet. Die persönliche Pinnwand eines Benutzerprofils wird als **Chronik** bezeichnet. Auch **Gruppen** haben eine Pinnwand, auf der die Gruppenmitglieder Nachrichten hinterlassen können.

Posten
Spricht sich nicht wie der militärische Abhörposten, sondern englisch, ähnlich wie „Pousten". Meint zu Deutsch nichts anderes, als eine **Statusmeldung** absetzen oder eben ein Posting posten.

Profil
Alle Nutzer haben auf Facebook ein eigenes Profil. Hier sind persönliche Daten wie Name, Geburtsdatum, Profilbild, Wohnort etc. vermerkt und je nach Einstellungen für Dritte sichtbar. Nicht zu verwechseln mit der **Startseite** oder mit **Seiten**. Zum eigenen Profil gelangt man über *www.facebook.com/me*.

Screenshot
Abbild des aktuellen Bildschirminhalts, zu Deutsch: Bildschirmfoto, z.B. zur Beweissicherung, wenn es einmal Streit auf Facebook gibt. Wie Sie einen Screenshot anfertigen können, erfahren Sie in Kapitel 5.3.

Seite/Gefällt-mir-Seite
Firmen, Marken und Organisationen haben kein eigenes Profil auf Facebook, sondern (Fan-)Seiten, englisch (Fan-)Pages. Sie unterscheiden sich von Personenprofilen durch andere Privatsphäre-Einstellungen und dadurch, dass Nutzer mit Seiten nicht befreundet sein können, sondern einseitig Fan werden können. Ein Fan-Werden muss nicht gegenseitig bestätigt werden.

Glossar

Social Media

Zu Deutsch „Soziale Medien". Nicht zu verwechseln mit „sozial" im Sinne von Caritas und Charity. „Sozial" bedeutet in diesem Zusammenhang vor allem eine Abgrenzung zu herkömmlichen Massenmedien wie Tageszeitungen, Radio oder Fernsehen. Über soziale Medien tauschen sich Menschen gegenseitig aus und das nicht nur in einer Eins-zu-eins-Beziehung wie bei E-Mails oder Telefonaten, sondern durchaus auch mit einem mehr oder weniger größeren Publikum. Zu „Social Media" wird neben Facebook auch Twitter, StudiVZ und YouTube gerechnet.

Startseite

Nach dem Einloggen auf Facebook landet man auf der Startseite, nicht zu verwechseln mit dem eigenen persönlichen Profil. Auf der Startseite findet man die eigenen **Favoriten** und die **Statusmeldungen** seiner Freunde.

Statusmeldung/Status-Update

Einzelne Meldungen auf Facebook, die man mit seinen Freunden **teilt**. Man kann Updates kommentieren und den „**Gefällt-mir**"-Button klicken.

Teilen

Alles, was man dem eigenen Freundeskreis mitteilt, teilt man mit ihm. „Teilen" ist nur ein anderer Begriff für weiterleiten oder mitteilen. Auf Englisch: „sharen".

Timeline

Die Summe aller **Statusmeldungen** und geposteten Fotos, Videos und Links des eigenen Freundeskreises oder nur von einem selber. Man findet die Timeline auf der eigenen **Startseite** bzw. auf der eigenen Chronik.

Titelbild

Jedes **Profil** und jede **Seite** auf Facebook hat neben dem **Profilbild** ein großes Foto am oberen Ende: das Titelbild.

Abbildung 4: *Das Titelbild (hier Berge und Wolken) ist der große Aufmacher auf Facebook-Profilen. Das Profilbild (Avatar) ist meist ein Porträt des Autors.*

Web 2.0

siehe **Social Media**

Zuckerberg, Mark

Gründer von Facebook

Index

A

Abmahnung 119, 134, 197
Abonnieren 197
Account 20, 40, 53, 61
Administrator 35, 42, 197
Adressbuch 107
   Abfrage 105
Aktivitätsprotokoll 197
Aktivitätsstream 25
Alkohol 136, 194
Alle/Öffentlichkeit 56
Altersprüfung 176
Android 138
Angst 10
Anmeldung 106, 176
Anonymisierungssoftware 188
Anstupsfunktionen 143, 148, 198
Apps 42, 87, 88, 198
Arbeitsspeicher 189
Avatar 197

B

Beleidigungen 147
Benachrichtigungen 26, 198
Benutzerkonto 177, 180
Beschwerde 133, 161
Betrugsversuche 165
biometrische Daten 67
Blockieren 81, 139, 142, 144
Browser 104, 133, 138
Bullying 145

C

Captcha 198
Chat 37, 38, 84, 198, 201
   Anfrage 43
   Fenster 83, 84
   Funktion 37, 38
   Partner 26, 38
Chatroom 149
Chronik 27, 62, 63, 64, 89, 90, 156, 199, 201
Cookies 188, 199
Creative Commons (CC)-Lizenzen 116

Index

Cyber
  Bullying 146
  Mobbing 146, 149, 151, 156, 160, 199
  Stalking 146

D
Datenschutz 96, 97, 99
Deeskalation 153
Dialog 132
Drohungen 152

E
Eincheck-Funktion 69
Einladungen 79, 80, 81
Einverständnis 123
Einwilligung des Abgebildeten 124
Eltern 102, 133
E-Mail 70, 106
  Adresse 59, 87, 179, 180, 184
  Postfach 106
Entfreunden 139, 141, 142
Erpressung 174
Eskalation 149

F
Facebook-Party 79
Fake 199
  Account 61
  Profile 150
Fan 199
  Seiten 40
Fanpage 40, 41, 42, 197
Farmville 33, 199
Favoriten 199, 202
Firefox 47
Fotoalben 74, 76, 121, 134
Fotoobjekt 122

Fotos 65, 75, 112, 121
Freischalten 46
Fremdfirmen 93
Freunde 19, 52, 56, 109, 200
Freundeskreis 60, 70, 103, 157, 168
Freundesliste 71, 74, 85, 126
Freundschaft 18, 59, 158
Freundschaftsanfrage 26, 60
Fristsetzung 127
Frust 20
Frustrationstoleranz 135
FSM 175

G
Geburtsdatum 113, 176
Gefällt-mir-Button 34, 47, 49, 50, 200, 201, 202
Geo-Tagging 34, 200
Gesichtserkennung 67
Gesponsert 91
Glücksspiele 86, 165
Google 39, 82
  Konto 191
Google+ 39
Grooming 163
Gruppe 23, 35, 143, 197, 200, 201
  Gefühl 148
  Zugehörigkeiten 36

H
Hacking 162
Hassreden 164, 167
Höflichkeit 80

I
Identitätsdiebstahl 160, 162
I like 200
Instant Messenger 149

Index

Internetkriminalität 175
iPad 190
IP-Adresse 188, 200
iPhone 34, 138, 190
iPod touch 190

J
JIM-Studie 194
Jobbewerbungen 71
Juuuport Scouts 155

K
Kamera (im Handy) 124
Kommentare 22, 25, 136, 169
Kommunikation 126
　Verhalten 108
Kommunikationsstopp 141
Kontrollfähigkeit 137
Konversationen 16
Kriminalität 174

L
Lebenslauf 89
Liken 170, 200
Listen 39, 72, 73, 140, 200
Lizenzen 116
Lockvogelangebote 169
Löschaufforderung 126
Löschung eines Inhalts 127

M
Markieren 22, 65, 66, 129, 201
Melden 131
Mobbing 144, 147

N
Nacktbilder 134, 152, 164
Netiquette 137
Nutzungsbedingungen 177, 178

O
Öffentlich 45
Öffentlichkeit 114
Offline-Welt 98
Online-Erfahrung 13
Online-Welt 195
Opfer 120, 155
Opt-In 46
Opt-Out 46
　Verfahren 46
Ortsmarkierungen 22

P
Party-Fotos 71, 74
Passwort 191
Personalchefs 138
Persönlichkeitsrecht 122
Pinnwand 27, 35, 62, 64, 66, 76,
　86, 143, 158, 162, 168, 172,
　200, 201
Pinnwandeinträge 88
Places 68
Polizei 134, 152, 159, 163
Pornos 164
Porträtfoto 187
Posten 31, 75, 89, 168, 201
Privacy 97
Privatsphäre 11, 55, 72, 76, 96,
　97, 98, 99, 100, 102, 184
Privatsphäre-Einstellungen 45,
　47, 64, 65, 66
Profil 27, 52, 54, 57, 82, 92, 161,
　181, 201, 202
Profilbild 24, 32, 53, 61, 121,
　186, 197, 202
Prüfer 166
Push-Funktion 43

205

Index

R
Raubkopierer 110
Rechteinhaber 114
Rechtslage 116
Rechtsverstoß 127
Registrierungsprozess 185
Reichweite 149
Remixe 117
Resonanz 100

S
Schadsoftware 119
Screenshot 127, 153, 189, 201
Selbstmord 170
Sex-Fotos 175
Social Media 18, 202
Social Media Sobriety Test 138
Social Share Privacy 50
Spam 119, 171, 172
Sperren 172
Spiele 32, 144
Stalking 144, 163
Standardeinstellung 103, 105
Statistiken 42
Statusmeldung 29, 54, 55, 63, 75, 76, 85, 136, 200, 201, 202
Status-Update 85, 107, 200, 202
stiller Abschied 141
Strafe 69
Straftaten 174
Suchmaschinen 41

T
Täter 158, 160
Teenager 169
Teilen 31, 202
Timeline 28, 202
Titelbild 54, 83, 197, 202

U
Überwachung 49
Unterlassungserklärung 119
Updates 29
Urheberrecht 11, 110, 111, 112, 117, 120, 123
Urheberrechtsverletzungen 118

V
Verbreitung von Bildern 123
verlinken 115
Veröffentlichung 113, 114
Vertrauen 101
Vertrauensverhältnis 153
Video 112, 115
Voreinstellung 55, 104

W
Web 2.0 18, 202
Wegwerf-E-Mail-Adressen 185
Werbeeinblendungen 21
Werbevermarktung 91
Werbung 25, 93, 166, 171, 173

Y
YouTube-Video 31, 115, 118

Z
Zielgruppeneinstellungen 92
Zigaretten 194
Zuckerberg 202
Zugangsdaten 181, 191
Zurückhaltung 101

Sie sind auch der visuelle Lerntyp?

Dann greifen Sie zu den Video-Trainings von video2brain. Getreu dem Motto »Sehen, hören, mitmachen!« lernen Sie spielend am eigenen Bildschirm.

Die besten Fachleute der Branche entwickeln Video-Trainings, die sich durch eine optimale didaktische Struktur und jede Menge Expertentipps auszeichnen.

**Stöbern Sie rein -
7 Tage die Woche, 24 Stunden am Tag
https://partner.video2brain.com/awl/**

Neben den Box-Produkten bietet video2brain ein sehr umfangreiches Angebot an **Online Video-Trainings** zu allen Themen rund um Grafik, Fotografie und IT-Themen, die Sie über die Online-Trainingsplattform erwerben und sofort nutzen können.

Und für alle, die intensiv Video-Trainings nutzen, gibt's das **video2brain-Trainingsabonnement**, das Ihnen ein Jahr lang unbeschränkten Zugriff zu allen Originaltrainings in komplettem Umfang und mit vollständiger Funktionalität ermöglicht.

**Einfach mehr können.
Die video2brain Trainingsabonnements.**

Mehr dazu auf www.video2brain.com.

video2brain ist der führende Hersteller qualitativ hochwertiger Online- und DVD Video-Trainings für u.a. Software, Fotografie und Programmiersprachen. Die Video-Trainings auf DVD werden in Zusammenarbeit mit dem renommierten Fachverlag **Addison-Wesley** veröffentlicht.